Trouver son bonheur à Nice

Le tour du Comté et de ses environs
en 80 questions illustrées.

Cedrik Verdure

Copyright © 2021
Cedrik Verdure
Tous droits réservés.

Embrassada sensa barba, meleta sensa sau

Embrassade sans barbe, omelette sans sel

1. Pourquoi encore un livre sur Nice?

Pire, un livre d'un Parisien sur Nice. Déjà je sais qu'aucun Niçois ne lira ce livre, à moins que... Oui, parce que les grandes figures niçoises, du moins en art, sont tout d'abord, un Ch'ti avec Matisse, un Suisse né à Naples avec Ben, si Masséna est bien Niçois, il l'est du Nice de Sardaigne et surtout il est mort à Paris et il est enterré dans mon cimetière, le Père-Lachaise, j'ai vérifié, on sera quasiment voisins, pratique pour parler de cette ville que j'adore.

Déjà, j'y habite et j'y venais en vacances depuis ma plus tendre enfance. Ma femme y a vécu comme adolescente, puis comme jeune femme, elle y était la belle voix de radio Fip, après avoir tourné des burgers pour la célèbre marque au clown, ironie quand tu nous tiens.

J'aime avant tout m'y promener à vélo ou en skate avec mes jeunes fils devant en trottinettes, suivre un enfant sans lui donner de direction est un conseil que je donne à tout jeune parent, la créativité vous fera découvrir des merveilles.

Ce que je préfère à Nice, c'est la gentillesse, oui, même envers les Parigos.

La gentillesse du prêtre qui nous laisse entrer dans la chapelle de la Très-Sainte-Trinité du Cour Saleya, alors que ça doit fermer, et que mes enfants adorent mettre une pièce pour mettre un cierge avec une petite prière, rapide, la prière, on est quand même là pour faire de la trottinette me rappellent-ils. Jésus aurait-il été skateur? il avait le look, et il aimait bien secouer la société en place.

J'aime le Nice littéraire, après des années de guide-conférencier dans ma ville de naissance, et un master de littérature américaine, je retrouve tous mes écrivains américains à Nice, même Faulkner y est venu. Hemingway,

Fitzgerald, Nietzsche, Tchekhov, pour citer aussi des humoristes.

Et surtout Carpeaux, Garnier, Eiffel mais on parle aussi ici, de cinéma, de théâtre, de danse, d'architecture bien sûr. Ces questions sont des questions qui m'ont été posées —ou à des collègues conférenciers— et des interrogations qui me frappent quand je déambule dans cette ville si riche d'histoires, si pleine de mystères, qu'elle méritait bien un livre pour y répondre.

Je vous remercie d'avoir ce livre entre vos mains et je vous souhaite une bonne lecture.

Juste une précision sur mes origines que je tiens d'un professeur de philosophie. Un sondage demandait dernièrement aux habitants de la capitale s'ils étaient fiers d'être nés à Paris. Il répondait qu'on ne pouvait être fier de ce qu'on n'avait ni choisi, ni accompli, je trouve cette réponse délicieuse. J'ai choisi d'habiter à Nice pour mille raisons que j'évoque dans ce livre, y compris ce qui m'énerve et oui, je suis fier d'habiter dans un des plus anciens lieux de la vie humaine, d'un mixte unique de civilisations, et au moins soixante-dix-neuf autres raisons à découvrir dans les pages qui suivent.

2. Allumer le feu, oui mais où?

Vous avez du feu?

Le célibataire fumeur de la fin du XXème siècle adorait cette question car elle était toujours la naissance de quelque chose, ne fut-ce que d'une conversation.

Et les premiers humains, qui sauf erreur, ne fumaient pas, ont commencé à domestiquer le feu il y a sans doute un million d'années. Les traces concrètes sont en Afrique pour les plus anciennes, mais en Europe, les preuves les plus datées sont chez nous en France, et plus précisément à Nice à Terra Amata, a.k.a. la « Terre aimée ».

Il y a 400.000 ans, à la louche, une nana demandait à un gros barbu s'il avait du feu. Le mec creusait un trou, taillait un sapin, on sait en effet, que les charbons retrouvés sont essentiellement des conifères probablement chargés par le Paillon depuis l'Arrière-Pays. Il frotte ses deux pierres et hop, c'est parti pour le premier barbec de la Riviera. Oui, l'effet barbecue est certain, puisqu'une des utilisations premières fût de cuire les aliments pour en faciliter la digestion, les dépouiller de possibles toxines et pour cuire des végétaux qui ne sont pas mangeables crus.

Les grands chefs continuent d'être ahuris devant ces aliments impossibles à manger crus mais délicieux cuits.

Retour à la Terre aimée, quel joli nom pour un site préhistorique du Paléolithique!

Nos Néandertaliens, probablement, allaient chercher des galets sur la plage, ça n'était pas encore interdit, et ils se faisaient des petits campements cosy, en attendant la reine d'Angleterre ou juste de mieux manger, de construire de meilleurs outils et armes de chasse et surtout de socialiser, ça n'était pas interdit non plus.

On sait par exemple, que ce Neandertal de la Côte d'Azur, chauffait des pigments pour se peindre la peau en rouge. Déjà à l'époque on savait faire la fête sur la Côte. C'était pas les derniers à déconner nos Néandertaliens niçois.

De cette terre aimée, découverte par hasard en 1965, est né le petit musée Terra Amata. De ces petits morceaux d'os d'animaux calcinés est né une volonté de comprendre le feu. De ces gros galets sur lesquels nos ancêtres les Homo Erectus posaient leurs fesses alors poilues est né notre musée de la Préhistoire, ça n'était pas interdit d'avoir du poil au cul mais on arrêtait de manger cru. S'ils savaient que le cru fait son grand retour alors qu'ils ont sans doute mis un demi-million d'années à domestiquer le feu, ils n'y croiraient pas nos hommes des cavernes, bon, d'accord, y'a sans doute d'autres inventions qui les feraient halluciner, le bikini, l'avion, le portable, bref tout en fait. Ce barbecue m'a mis en appétit, je vais répondre à une question nourriture niçoise.

3. Klein a-t-il eu une période bleue?

Pas plus que Picasso dont certains écrits viennent d'être traduits en français et où il explique qu'au début du siècle dernier, il achetait du bleu, car c'était la couleur la moins chère à trouver à Paris. C'est donc moins un choix esthétique, qu'une contrainte financière. On a toujours du mal à imaginer Picasso dans la galère, quand on voit sa « Californie » à Cannes, et ses alliés parisiens ou antibois, toujours est-il que le fondateur du cubisme reste une figure incontournable de la Côte d'Azur. Si Nice reste le siège de Matisse, l'héritier niçois des deux maîtres est —selon moi— Yves Klein.

Pourquoi?

Parce que Klein savait mieux que personne jouer avec les codes de l'histoire de l'art et comme ses illustres prédécesseurs, il a su innover sans pression. Ok, peut-être qu'il soulageait la pression avec le Judo, mais on a tous nos trucs. S'il a vécu trop jeune pour voir la postérité de son œuvre, c'est sans doute une des dernières astuces des dieux des beaux-arts qui bénirent sa carrière et adoubèrent son courage, en laissant ses fameux monochromes vivre leurs légendes personnelles.

Pourquoi Klein m'amuse, parce qu'enfant chez ma marraine, je faisais mes premiers dessins sur une table Klein. Il m'amuse, parce qu'il a commencé sa carrière en créant un fascicule de ses œuvres complètes alors qu'il n'avait rien fait. Il m'amuse encore car il a réalisé un dessin qui montre Kasimir Malevitch en train de reproduire un monochrome de Klein, or Malevitch est sans doute l'inventeur du premier monochrome de l'histoire de l'art. Yves rend hommage à Kasimir d'une façon malicieuse, ce que ce dernier aurait sans doute —peu— apprécié.

Enfin, il m'amuse parce que le fameux IKB, International Klein Blue est né d'une erreur de synthétisation de la couleur par un technicien de chez Rhône-Poulenc. Ça, c'est énormément amusant, car c'est l'accident, d'*accidere* survenir en latin ou qui crée. Ça arrive, ça sort, disait Picasso. Comme si en s'interrogeant si profondément sur l'être humain, en cherchant le jugement comme Kant, le *dasein*, comme Heidegger, ils arrivaient à passer au delà des phénomènes et de leur propre conscience freudienne pour nous livrer ce que « nous sommes » de façon brut, sans filtre, comme les premières clopes que je volais dans le paquet de mon père afin de séduire des jumelles bédaouis à Casablanca.

Klein pas plus que Picasso n'a donc choisi le bleu, du moins ce bleu, après, on retombe dans ce que dit Céline, « les peintres se sont débarrassés du sujet, une cruche, ou un pot, ou une pomme, ou n'importe quoi, c'est la façon de le rendre qui compte. » Ces propos sont visionnaires en 1957, même si Malevich invente le monochrome blanc au sortir de la première guerre mondiale.

« Une cruche, un pot, ou une pomme, ou n'importe quoi » comme c'est beau et le mot est lâché comme disaient mes professeurs de philosophie, ce qui me faisait étudiant l'effet d'un fauve dans une arène, « n'importe quoi ».

Cette nouvelle matière « le n'importe quoi », va devenir bleu, puis or. Mais, et c'est un « mais » de poids. Klein a d'abord proposé une œuvre orange, un monochrome orange pour être précis, lequel monochrome a été refusé, ce qui l'a mis en joie, car être refusé, c'est se mettre en position d'artiste maudit et c'est précisément cette malédiction qu'il attendait pour devenir artiste, pour se faire poète, comme dit Rimbaud, par un long et raisonné dérèglement de tous les sens.

Il aurait pu faire carrière avec l'orange, puis il a dit qu'il ne ferait carrière qu'avec le bleu, pour au final ajouter l'or et le rose, il a beaucoup écrit sur le sujet, mais je ne crois pas que ce soit ce qui importe le plus. Klein est éternel, si vous ne me croyez pas, aller voir sa sépulture à la Colle-sur-Loup, un village de l'arrière pays que j'adore, je peux vous garantir que vous serez surpris par la couleur de son éternité.

4. Pourquoi on déplace bien Garibaldi?

En Egypte, la visite d'Abou Simbel m'avait marqué, moins par le gigantisme des statues voué à impressionner les commerçants Nubiens par la grandeur du Royaume mais par le fait que des dingos ont construit un tel temple et que des dingos encore plus dingos l'ont déplacé.

Certes Garibaldi n'est pas un colosse de 20 mètres de haut, on s'est un peu calmé avec les années dans la représentation de nos grands hommes.

On reste toutefois attaché au symbole. Déjà, c'est qui Garibaldi? En gros, une sorte de Che Guevara niçois, héros de la création de l'Italie mais ennemi de Napoléon, adulé de

Dumas et d'Hugo mais bandit déserteur condamné à la peine de mort; un mec compliqué donc, ce qui est souvent le cas avec les grands hommes.

L'aspect remarquable de sa vie, ce sont ses admirateurs autant que ses détracteurs. Comme disait Sacha Guitry, plaire à tout le monde c'est plaire à personne.

Déjà la place Garibaldi est ainsi nommée de son vivant, douze ans avant sa mort, et les hommes qui ont eu un tel hommage sont rares. Mieux, le jour où Nice apprend sa mort, en 1882, on vote l'érection de sa statue, et une érection de son vivant, c'est énorme.

La place n'est pas n'importe où puisque la place Garibaldi, est pensée par le Roi Soleil, dès 1761. On commence seulement en 1773, faute de ronds, et en 1780, rebondissement. Victor-Amédée III, veut la *Reale Strada* de Turin à Nice, il faut donc un endroit chic pour accueillir le visiteur fatigué, ce sera la place Victor, aujourd'hui Garibaldi. De fait elle s'appelle tour à tour Victor-Emmanuel, Napoléon, Saint-Augustin, y'en a un peu pour tous les goûts selon l'époque. Même avant le coronavirus, les politiciens naviguaient à l'arrache.

Ça devient un peu délirant, lorsqu'on réalise que la place était d'un urbanisme turinois, rien d'extraordinaire, c'était alors obligatoire dans les Etats de Savoie, mais le trompe-l'oeil à cette échelle est l'un des plus extraordinaires en Europe. Allez-vous faire piéger et jouer à dénicher le vrai du faux, un bonheur avec une anisette, un ravissement avec trois.

La place aurait une forme d'étoile à cinq branches, on s'en rend mieux compte à la 4ème anisette, qui serait un symbole maçonnique adopté par Garibaldi, peu de recherches concluantes concordent avec cette architecture. Toutefois le déplacement de la statue du centre de la place est regrettable, oui, bien sûr, mais ne pas faire évoluer les villes vers la modernité, à savoir de plus en plus tournées vers les piétons et les déplacements silencieux, non polluants et collectifs passe selon les générations futures bien avant les symboles des petits clubs d'encapés. Attention, jeu de mots provençal avec réussite et porter la cape, chacun choisit son équipe de même que chacun cherche son chat. Quand je suis énervé, je cite des titres de Klapisch, et puis c'est tout.

Je n'ose imaginer le casse-tête chinois qu'a dû être la rénovation de Nice avec les tramways. Souvenez-vous, déjà le baron Haussmann, en rénovant Paris se considérait comme un « boucher » destructeur de la ville la plus visitée. La modernité est compliquée et ne fait pas d'omelettes sans casser les couilles de Garibaldi, qui reste bien monté sur sa magnifique statue d'Étex et Deloye.

Un petit mot sur Antoine Étex pour terminer, élève d'Ingres, admiré de Dumas, un grand nom du XIXème siècle dont Nice possède la dernière œuvre et quel œuvre!

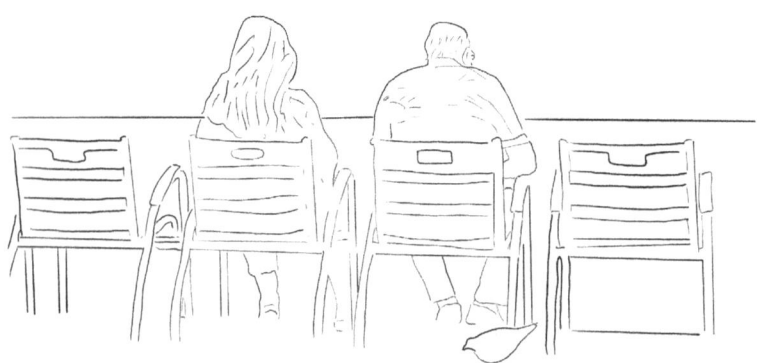

5. Dis moi où tu vas à la plage?

Le Plongeoir —à côté de La Réserve, une autre table depuis 1862— est à Nice depuis toujours, toujours... façon de parler. C'est à la fin du XIXème siècle que les élégantes venaient prendre le thé dans un bateau de pêche posé sur le célèbre rocher au milieu des flots. J'aime cette idée d'imaginer les dames de la bonne société venues s'encanailler, comme elles le faisaient à Montmartre au Second Empire.

Retenez les mots de George Bernard Shaw, une femme du monde qui dit non est une femme qui dit peut-être, une femme du monde qui dit oui, n'est pas une femme du monde. J'adore.

Le temps remplace l'embarcation par le plongeoir Art Déco de René Livieri dont on compte près d'une centaine de constructions à Nice, réputées pour leurs bossages de pierres mêlés aux enduits, leurs oriels et ses admirables balcons filants, et je ne suis même pas un grand fan de cette période avant guerre, mais Livieri a un truc, il ne tombe pas dans l'excès de fioriture, ce que confirmera sa période moderne de 1950 à 1970.

Et où se baignait-il, René? Sans doute derrière La Réserve, les petites plages entre les rochers. Google maps les désigne comme secrètes... ça fait sourire les Nissarts. On peut pousser jusqu'à Villefrance, et sa petite plage de la Darse accolée au port, de petits cailloux clairs qui assurent par leurs reflets un bronzage uni toute l'année et collent un peu aux fesses. Sur la Promenade, je viens avec une simple serviette, il y a un petit aspect massage suédois — *no offence* les amis suédois— mais on associe cette pratique à de la souffrance pour accéder à la libération du corps. J'y fais de telles siestes, que j'ai dû trouver une montre étanche avec réveil, pour ne pas me retrouver sur la plage à la nuit tombée. Les Niçoises, les vraies qui se baignent toute l'année, dont la traditionnelle baignade du premier janvier, prennent un petit matelas et des méduses, ces chaussures qui permettent de nager sans heurter leurs petits pieds aux ongles vernis. On a les fétichismes qu'on peut.

Les plages privées sont légions et ne vous en privez pas, sans jeu de mot, alors oui, c'est cher, c'est dingue de payer une salade ou une bouteille de rosé ce prix, mais le plaisir est si intense. Comme dit le nom de la plage de Juan-les-Pins, YOLO, You Only live Once, on ne vit qu'une fois. Pensez comme mes amis Américains « *Treat yourself* » *treat* c'est bien se traiter, c'est se faire plaisir et pensez Halloween, et leur fameux *trick or treats*. Soit on vous joue un tour, soit vous donnez un bonbon. La vie nous joue assez de tours, la plage privée c'est le bonbon. Je vais dîner au Galet, je déjeune à la plage Amour et je passe la journée dans plus ou moins toutes les plages privées, un matelas, un livre et la mer.

Pour m'échapper, je vais à Antibes, j'aime la plage au pied du musée Picasso, qui permet de combiner mon triptyque gagnant, lecture, baignade et tableaux, je peux faire ça absolument tous les jours de mai à octobre.

Vive la plage!

6. 30 millions d'amis = 15 millions d'ennemis?

Même les galets, j'en ai plein le cul. Vaut-il mieux porter des méduses et avoir l'air d'un plouc en goguette, ou aller pied nu et avoir juste l'air con avec sa gueule en souffrance à chaque pas et remonter la plage à quatre pattes en faisant semblant d'avoir perdu toute dignité. Alors oui, les méduses, ne sont pas de vrais animaux mais les godasses les plus moches de l'univers... ça dépend comment on les porte.

Il y a vraiment des méduses à nice, je me souviens d'un plongeon, où je me suis retrouvé cerné par ces magnifiques petites créatures, et j'ai déjà été brulé par une plus grande —et mortelle pour l'homme— que moi, dans les eaux de la mer d'Arabie. Au final, je les préfère à Monaco dans l'incroyable aquarium qui change de couleurs.

Nice est la ville amie des animaux même si on ne compte plus le nombre de panneaux qui expliquent aux heureux propriétaires de ramasser les déjections canines, avec plus ou moins d'élégance et d'emportement. Les amis de l'homme deviennent ainsi les ennemis des Niçois qui marchent dans le caca. Je repense souvent à une citation de Truman Capote qui disait que pour aimer quelqu'un, il faut aimer sa merde. Je l'ai vraiment comprise en passant trois, quatre ans dans les couches mais cela doit être valable pour son chien, et le souvenir de mon enfance avec mon basset Hound Nelson reste le plus fort de mes premières années.

Les animaux de compagnie sont un bonheur quotidien, mon chat *Planet*, apporte joie et responsabilité à mes jeunes garçons, les moustiques moins.

Les moustiques vient-on d'apprendre commencent à pouvoir vivre en ville suite à des mutations pour s'adapter à nos conditions urbaines, les petits enfoirés. Le moustique a même été déclaré ennemi public numéro un par la mairie. À quand les affiches de Western avec des rançons et des raquettes anti-moustiques pour remplacer les Smith et Wesson?

Dans les réjouissances, les tiques et les taons ne sont pas mal non plus. Le tire-tique est un outil à avoir sur soi en randonnée et j'ai également un aspi-venin pour être tranquille. J'ai encore croisé une très belle couleuvre, sur le chemin des douaniers pas plus tard qu'hier, sans aucun danger mais un peu de prévention n'alourdit pas le sac plus que cela.

Assez de chinoiseries, c'est pas la petite bête qui va manger la grosse comme disait ma grand-mère —et sans doute toutes nos grands-mères.

Parlons plutôt du véritable maître de nos montagnes le loup. Le grand débat des troupeaux de notre arrière pays a été et semble toujours être vif. Le loup est essentiel à notre écosystème, je dis ça, je n'en sais rien, mais ça semble relever du bon sens et il est normal que les bergers s'en préviennent avec les chiens de garde ou patous, pas toujours copains avec le randonneur que je suis dès que j'ai une journée de libre. Les loups du parc Alpha dans le Mercantour ont disparu des radars —suite à la tempête Alex— et leur liberté a mené une pagaille politique dont je reconnais beaucoup m'amuser. Ce capharnaüm est symbolique de notre pays ou 50% est pour et 50% est contre pour quasiment toutes les questions de société, tuer ou pas les loups Alpha et pain au chocolat ou chocolatine.

On arrête pas le progrès, même chez les moustiques.

7. Auriez-vous voulu être un artiste niçois?

Jeune homme, je visite mon oncle, l'oncle Jacques, avec ce bonheur multiple à l'idée de rencontrer un type bien décalé, qui a une piscine et des sculptures, des peintures et des livres d'art partout. Un peu mon Niçois idéal pour être honnête. Ce jour là, il y a plus. C'est un de ces fameux jours où je veux lui poser toujours la même question, mais comment choisis-tu les artistes que tu exposes dans ta galerie ?

Il me dit:

Je viens de voir une grande colonne, avec les questions si vous voulez tout savoir sur la politique, l'art, la religion, etc. Appuyez sur ce bouton, et sais-tu ce qui sortait mon ami?

Non.

Un paf!

C'est drôle, c'est une œuvre de Ben.

Et que vous soyez un habitant ou un artiste en villégiature ou juste une bande de jeunes venus piquer une tête, vous ne pouvez que sourire devant ces ultra célèbres lettres blanches sur fond noir un peu partout dans Nice. Mais qui a laissé un enfant écrire sur les rond-points et les abris-bus?

Benjamin Vautier a fait sienne la formule de Picasso mieux que personne, il a bien mis une vie à dessiner comme un enfant. Je me souviens devant la galerie parisienne de Ben, un étudiant des Beaux-Arts un peu éméché le traitait d'escroc en crachant sur la vitrine. Quel hommage? On tenta de prouver médicalement à Van Gogh qu'il n'était pas peintre et en 1874, les bourgeois crachaient —sans métaphore— sur les œuvres de Claude Monet. On arrête pas l'histoire de l'art.

Vous détestez les poutrelles métalliques de Venet sur la Prom', la tête carrée de Sosno vous file la gerbe et le pouce de César vous donne l'impression de vous faire e*****r par l'histoire de l'art, bonne nouvelle, vous êtes soit un artiste, soit un grand critique d'art. Tous ces sentiments existent depuis le premier traité d'esthétique de Baumgarten au milieu du XVIIIème siècle.

Moya vous agresse avec ses personnages sympathiques, vous pensez que Chagall est un mauvais peintre, vous lui rendez hommage, il se considérait du côté de la *bad painting* et ses travaux ornent les philharmoniques de Paris et de New York.

Vous pensez que les intérieurs symphoniques de Matisse sont à la peinture ce que la mousseline est à la purée de Robuchon, vous avez le droit, regarder une œuvre d'art sans réserve est aussi con que de la regarder sans rire. Si elle vous agace, soyez furieux comme Roland, si elle vous amuse, riez comme un enfant qui fait un *hug* au pouce de César. Et Nice offre des œuvres plein les rues, des belles, de moches, c'est subjectif —lisez Kant sur la plage à ce sujet—, peu importe. Vous préférez l'authenticité des villages médiévaux, sachez qu'ils étaient forcément modernes à un moment de l'histoire.

Vous trouvez que le slogan des nouveaux réalistes :

" Les Nouveaux Réalistes ont pris conscience de leur singularité collective. Nouveau Réalisme = nouvelles approches perceptives du réel. "

est d'une bêtise à rendre intelligent un âne, je vous rassure eux aussi, ils admettent avoir pris la phrase la plus folle possible, qui ne voulait rien dire, pour être sûr de se donner toutes les libertés.

On n'échappe ni à la liberté ni à la modernité de l'art, surtout quand on passe par Nice.

" L'art ne doit plus rester confiné dans les sanctuaires de la mort que sont les musées. Il doit se diffuser partout, dans les rues, les tramways, les usines, les ateliers, chez le travailleurs. " comme disait Maïakowsky et le poète russe préfère les grands nègres comme disait Limonov, qui ajoutait, donnez moi un million de dollars et je fais la révolution dans n'importe quel pays. L'art dans la rue, c'est la révolution en permanence, c'est la remise en question copernicienne d'un monde de certitudes, c'est la folie qui nous assure que nous sommes sains d'esprit et probablement l'inverse aussi.

8. Le Negresco appartient-il à des caniches?

Tout d'abord, je tiens à exprimer toute mon admiration à la dame du Negresco, récemment disparue, pour son grain de folie « si nécessaire » à l'histoire de la vie. *Rest in Peace* madame Augier.

Si on n'est pas entré au Negresco avant ses cinquante ans, on a raté sa vie.

Avec ma compagne, nous y avons filmé — à la limite de la légalité— un film de skate, comme quoi, on peut tout faire dans un lieu magique, mais une mannequin aux jolies jambes, ça aide aussi.

On n'est pas là pour parler de « nos corps de boue et de merde » comme dirait Flaubert. D'ailleurs, je vais commencer par les toilettes napoléoniennes du Negresco. Y'a un délire très Napo dans cet hôtel, et les lieux d'aisances sont donc des répliques des chiottards des camps militaires de Bonaparte, et les rouleaux sont en déco sur des sabres, on a la classe ou on ne l'a pas.

Et puis le Negresco, ça veut dire quoi? C'est du nom de Negrescu, un Roumain maître d'hôtel qui s'était enrichi sous les Rockefeller. Il prend l'architecte du Moulin Rouge, Niermans, vous verrez que ça n'est ni anodin et ni seulement architectural comme choix, *neti neti* disent mes amis hindous.

On pourrait en faire des tartines sur le mobilier Boulle, André-Charles a inventé la commode, le lustre qui devait être refourgué au tsar, ils ont une copie au Kremlin, c'est dire s'il était colère Nicolas II, on pourrait parler des sculptures de Niki de Saint Phalle, au moins Miles Davis, pour dire qu'en entendant la chanson C'est si bon, il eut l'idée de la reprise.

Eh, oh, je vais pas non plus décrire 6000 œuvres d'art, c'est pas dans un catalogue qu'on trouve son bonheur et encore moins qu'on se marre. Un sondage nous apprend que 70% des Français partiraient sur une île déserte avec un dictionnaire, partez tout seul, parce que y'a quand même rien de plus lourd à lire - et à porter - qu'un dico.

J'aime que Dalí y soit descendu avec son jaguar, oui, pas sa jaguar, n'importe qui peu acheter une voiture, le félin c'est plus chaud. Wells, y retrouvait une belle veuve inconnue. Michael Jackson aurait été pris pour un chasseur, vu qu'ils sont déguisés en soldats napoléoniens. Elton John, qu'est pas le dernier sur les costumes, adore également y séjourner. La Reine Elisabeth y vient mais pas en même temps que Chirac, par contre, elle aurait pu y croiser le président américain Truman.

Pourquoi le rose de la coupole? Parce qu'il rappelait la couleur et la forme du sein de la maitresse de Negrescu, d'où l'ironie d'avoir choisit l'architecte du Moulin Rouge, qui organise des spectacles seins nus, comme chacun sait.

Le Sultan du Brunéi et Bill Gates voulaient l'hotel en marbre de Carrare, mais la dame du Negresco, Jeanne de son prénom, refusa de le vendre.

La légende dit qu'elle légua son palace à ses chiens, la dame du Negresco, était une grande fan du règne animal. J'aime beaucoup le côté Aristochats de cette histoire si romantique et les histoires folles de ces palaces —même si la distinction « palace » lui fut refusée. D'autant qu'à mon dernier passage au mythique bar du Negresco, on y jouait, *Everybody wants to be a cat* de Scatman Crothers.

Hemingway y buvait, Grace Kelly peut-être aussi et Francis Scott Fitzgerald très certainement, mais qui des trois a pu y admirer le tableau le plus dingue du Negresco, un Vasarely?

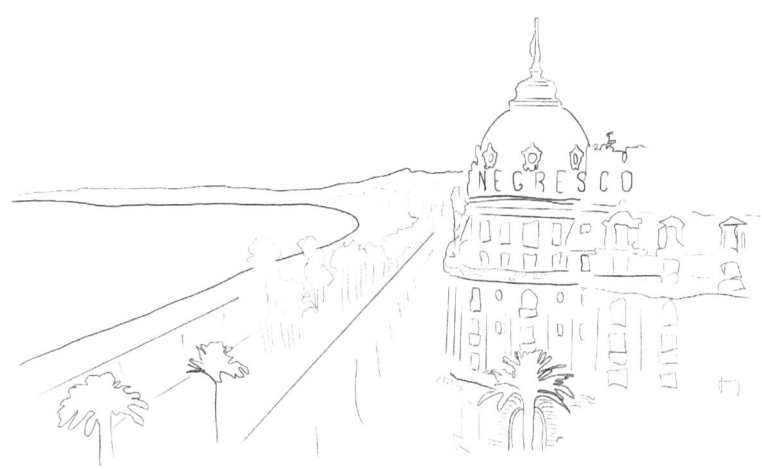

9. Pourquoi diable y a-t-il un aigle sur le drapeau de Nice?

Je m'explique, l'histoire de ce drapeau est dingue, juste dingue!

Déjà, on n'y pense pas vraiment quand on visite Nice. Il faut y habiter, pour se rendre compte qu'il est partout, il a même flotté sur le Negresco.

Son histoire se perd dans la nuit des temps légendaires, mais en cherchant un peu, on retrouve des pistes.

On en trouve assez facilement à la Renaissance et au sortir du Moyen-âge, mais on peut creuser jusqu'au Douzième siècle.

Déjà, tuons, une légende napoléonienne de plus, non, l'aigle n'est pas du Premier Empire et encore moins romain. Les Romains de *Cemenelum* se seraient peu mêlés au comptoir grec de Nikaia. Napoléon adopta pendant l'Empire, comme armoiries pour Nice, un soleil, très bien, un olivier, parfait, un oranger, ça parait logique, des abeilles, va pour les hyménoptères, et, tenez vous bien, un lion. Je ne sais pas vous, mais en dehors des cirques et des zoos, je n'ai jamais vu de lion à Nice et pourtant je me balade pas mal dans la savane.

Dès la chute de l'Empire, on revient à notre aigle rouge.

Tout le monde sait que Nice était une possession des comtes de Provence, c'était avant 1388. Si on remonte un peu encore. Un sceau, celui avec lequel on fait fondre la cire, de Philippe de Savoie, on est en 1271, représente un aigle. C'est une autre piste. Nous sommes à l'époque de l'opposition entre les Guelfes et les Gibelins, oui, je sais on se croirait dans un livre avec des Hobbits, mais non, ce sont deux siècles de conflit entre la Papauté et le Saint-Empire romain germanique.

Ça se complique, parce qu'on sait que les villes du pourtour méditerranéen, adoptent comme armoiries des croix, comme il en est toujours de Toulon et de Marseille, ces croix sont guelfes, ceux qui se battent du côté du pape, or Nice a une aigle (j'explique le féminin plus tard). L'aigle lui serait plutôt un symbole Gibelin. Cet aigle au vol abaissé semble appeler à l'apaisement quelle que soit son incertaine origine.

Il est surmonté de la couronne comtale, où on compte facilement, les neuf comtés.

Sa couleur rouge est également étrange, l'aigle du Saint-Empire est noir, il l'est toujours sur les maillots de l'équipe d'Allemagne par exemple. Rouge, comme la brisure angevine, en souvenir de la maison d'Anjou qui préside aux destinée de Nice jusqu'à la dédition de la ville à la Maison de Savoie. Dans tous les cas, Nice souhait se démarquer des autres villes du bassin méditerranéen.

Son inscription latine en dessous est incomplète pour des raisons graphiques. *"NICAEA, CIVITAS FIDELISSIMA"* Nice cité fidèle a perdu sa fidélité pour son élégance, mais elle reste fidèle a ce principe de fierté qu'on ressent dans toute la ville.

Notre aigle est féminine, car aigle est féminin en héraldique, de Hérault, en gros le mec qui gueulait « Oyez! Oyez! » au temps des chevaliers. Elle (donc) repose « au vol abaissé » pour montrer sa domination dans les airs sur les trois collines symboliques de Nice. On y voit plus clair, surtout que le fond du drapeau est blanc, magnifique symbole de la maison de Savoie allié à notre aigle de gueule rouge.

10. Pourquoi le plus célèbre artiste de Nice est Ch'ti?

Le plus célèbre artiste niçois est né à... Le Cateau-Cambrésis dans le Nord, ville aussi charmante que réputée pour ses précipitations. Ainsi c'est au hasard d'une mauvaise bronchite qu'un médecin —un artiste donc, la médecine étant un art et non une science, on ne le rappelle jamais assez— décide d'envoyer notre homme de bientôt cinquante ans faire une cure de soleil et d'air marin.

Si le père du Fauvisme, du Pop art, de l'Intérieur symphonique, de l'Expressionnisme abstrait et par rebond picassien du Cubisme, connaissait déjà Menton depuis 1913, la belle Nikaïa lui était inconnue.

L'hotel Beau Rivage, alors sur la Promenade, est son premier pied-à-terre. C'est important le premier lieu d'accueil pour découvrir une ville. Les années suivantes il descend dans le

Palais de la Méditerranée. Merci au passage aux défenseurs de la belle ouvrage d'avoir interdit la démolition de ce monument. J'aime y aller boire un verre en pensant au peintre et en regardant l'horizon, me demandant, pourquoi je ne vois pas ce qu'il voit, c'est un exercice que je recommande, on peut le faire avec Van Gogh dans la région voisine.

Le Cours Saleya devient son premier point fixe en 1921. Vue mer et vue marché, toute la vie niçoise d'un seul regard, il fallait bien cela pour cet œil qui percevait « le bleu qui entrait par la fenêtre ».

Dix ans plus tard pour répondre à la commande du collectionneur américain, le docteur Barnes, il loue l'atelier de la rue Désiré Niel, il y peindra La Danse. Son pendant La Musique décorera la demeure de Chtchoukine, Matisse arrive même à réunir les Américains et les Russes. J'aime quand le goût sait à ce point s'affranchir des héritages culturels et je pense à nouveau à Van Gogh, qui est un bon exemple de génie universel.

En 1938, il quitte le Cours Saleya pour prendre une dimension et une demeure royale, le Regina. Souvent targué de bourgeois, ce choix est dicté moins par passion pour l'aristocratie anglaise, que par le besoin d'un atelier monumental et de lumière, de toujours plus de lumière.

En 1954, Aragon notera dans Le Patriote "Henri Matisse n'est plus [...]. Quelque chose vient de se voiler, de s'éteindre qui était l'expression de ce pays, sa lumière."

La Villa génoise du Dix-septième siècle, Garin de Cocconato, appelée aujourd'hui villa des Arènes est acquise par la ville en 1950. Treize ans plus tard, le premier ministre de la culture de l'histoire de France, André Malraux, inaugure le musée Matisse avec Chagall et toute la ville s'enthousiasme. Ce musée Matisse, dans mon quartier de Cimiez, est un des premiers musées dédié à un seul artiste, après Fernand Léger daté de 1960, mais avant son rival et admirateur Picasso, dont Antibes ouvre le musée en 1966. Chagall n'aura le sien qu'en 1973.

Matisse dont on retient surtout les 2 mètres 60 par 3 mètres 91 de La Danse disait ce que je n'ai jamais oublié « qu'un centimètre carré d'un bleu n'est pas aussi bleu qu'un mètre carré du même bleu. » En faisant prendre à la peinture cette dimension de l'univers, ce roi sans divertissement, va enfin atteindre son but « remuer le fond sensuel des hommes. »

11. Comment s'envole un château?

Je sais que mon cœur est niçois —et un peu japonais— quand j'imagine que le château de Nice pourrait marcher, comme flotter, dans des mondes imaginaires de Miyazaki. Quoi qu'il en soit le château n'est plus. Il y a la colline du château, le parc du château, la fontaine du château, la buvette du château mais une chose est sûre, il n'y a pas de château.

Pourquoi? Comment? Je vais tenter d'y voir un peu clair dans cette histoire, comme dirait ma femme, pour parler comme Columbo.

Lou castèu de Nissa serait apparu dès le Onzième siècle.

Les périls ne manquent pas dans une position aussi stratégique que Nice. Une carte de France en 1030 montre clairement qu'à l'est c'est le Saint-Empire romain germanique, dont Nice conserve l'aigle sur son drapeau. À l'ouest, le Marquisat de Gothie, Nîmes, Agde, Narbonne, Perpignan et le comté du Roussillon et juste après le comté de Barcelone, c'est le Califat de Cordoue et les Sarrasins.

Bref, un petit château fort ne ferait pas de mal et constituerait une belle assurance pour le comté.

Les traces sont faibles dans les textes et il faut attendre la dédition de Nice à la Savoie en 1388 pour entendre à nouveau parler du Castrum Magnum, oui, je pense comme vous, maintenant, les magnum, c'est plutôt en boite avec des bougies étincelantes, mais c'était une autre époque aussi.

La château à la Renaissance est selon divers auteurs, imprenable, inexpugnable et beau. 1543, il résiste à François Ier et Soliman le Magnifique, qui n'étaient pas des petits joueurs. Et puis Louis XIV n'étant pas copain avec le Renard de Savoie a.k.a Victor Amédée II, il balance plus de 14000 bombes et et 300.000 kilogrammes de poudres pendant trois mois, non vraiment les mecs ne s'aimaient pas. On notera une belle résistance vu la puissance de feu. Feu le château donc, dont il reste en plus de l'agréable parc, le légendaire coup de canon —au début je croyais que le baron de Münchausen vivait là-haut— qui marque midi pour les Niçois et fait flipper les touristes pour le plus grand amusement des enfants d'ici.

À ne pas louper, pour les amateurs de boulets, de stratégie militaires et autres spécialistes des belligérances diverses et variées, un boulet de 1543 est exposé en pleine rue, il serait turc, à regarder avec un falafel dans le doute.

12. Le roi des îles II Nice est il le deuxième roi des îles ou le roi des îles de Nice?

Les pêcheurs de Nice qui retapent leurs pointus me mettent en joie quotidiennement. Ces bateaux surnommés ironiquement par les Bretons sont à Nice ce que les gondoles sont à Venise, je m'emballe mais j'explique.

Déjà le nom, en tant qu'auteur de Trouver son Bonheur au Louvre, je peux vous le dire, les noms ironiques sont légion en histoire de l'art et souvent la moquerie se retourne contre l'arroseur qui s'est moqué. Ainsi, le journaliste qui trouvait que les peintres de l'exposition de 1874 étaient mauvais les appela les Impressionnistes. Amusant, mieux à la Renaissance, on se moque des horribles constructions du Moyen-Âge en les surnommant gothiques (barbares), incluant Notre-Dame ou la cathédrale d'Aix-en-Provence qu'adorait Cézanne.

Le pointu pour reprendre un pied marin, lui à une proue et une poupe pointues. Mon pauvre cœur bave à la poupe disait Rimbaud, et il est vrai que le cul des bateaux est rarement pointu, ici, c'est bien trouvé.

La houle est forte en Méditerranée et cette houle parfois courte et croisée nécessite de repenser le dessin du bateau. Ainsi le pointu passe toujours quelques soient les conditions de cette mer sans marée. Et comme me disait un copain qui habite la Promenade, on a vu des jours où la mer jetait des galets sur les vitres des habitations. Marin, toujours tu chériras la mer.

Il suffit de se plonger dans la littérature mondiale ancienne pour lire des récits de marins mythologiques —ou réels— qui nous rappellent la puissance de notre planète bleue.

Mais un marin, ça n'a de sentiment que dans les films d'Hitchcock, surtout *Lifeboat* avec la belle Tallulah Blankhead sur un scénario de Steinbeck, excusez du peu.

Avec ses quelques mètres, ce bateau est motorisé dès le début du XXème siècle. Dès l'antiquité les taquiers, joli nom des charpentiers de marine, avaient compris l'utilité d'un bateau à deux pointes. Ce skate de mer —si j'ai bien compris son utilité de glisse— est revendiqué par les Marseillais et un inventeur italien, génois pour être précis, attend, un navigateur génois, comme Christophe Colomb? un autre sacré amiral qui aimait les grosses conditions sur de tous petits bateaux. Vingt-cinq mètres de long et large comme un pointu, oui, vous avez bien lu, huit mètres maximum le pointu.

Donc tout bien considéré, pas si petit que ça le pointu.

Les Marseillais appellent les leur « barquettes », les Martégaux et les Martégales, bref, les habitants de Martigues, parlent de « bette. »

Du côté des saints, mais qui fait l'ange, fait la « bette », Saint-Raphael et Saint-Tropez, ils nomment leurs pointus des « tarquiers », avec un r, parce que là-bas, on les roule les R. Ou plus probablement, un héritage du taquier qui avant de désigner le charpentier de marine, désignait un bateau en bois.

Et le bois de la nacelle, comme ils l'appellent en Languedoc, c'est toute une histoire, chêne, frêne ou acacia pour les membrures et des résineux moins chers pour le bordage, comme le pin d'Alep ou le pin Parasol. Ça donne envie de faire un tour en mer et d'aller pécher ou juste de se faire une *méranda*, le fameux casse-croûte de neuf heures. Tiens d'ailleurs qu'est-ce qu'on boit?

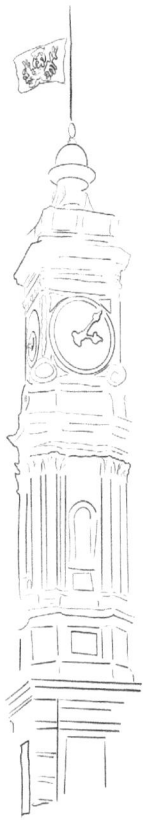

13. Bienvenue à la Baie des Anges, oui mais quels anges?

À quoi tient un nom? C'est fou quand on y pense? Pourquoi je m'appelle Verdure, la légende familiale dit que mon grand-père aurait été trouvé dans un potager pendant la guerre, et que les Soeurs qui l'ont recueilli l'ont nommé en hommage aux salades. Poétique mais probablement faux. Il y a beaucoup de Verdure en Normandie. Mon prénom est il un hommage au compagnon d'Ivanhoé, Cedric de

Rotherwood, qui bouta Jeanne d'arc hors d'Angleterre, et on voulait sans doute me donner un prénom de bouteur de pucelles, mais tout cela est très théorique et surtout cela n'a aucun rapport avec la baie des anges.

L'histoire la plus connue et sans doute la vraie, c'est celle du requin dit aussi

l'ange de mer commun, l'ange, l'ange de mer, l'angel, l'antjou, le bourgeois, le bourget, l'anelot, le martrame ou mordacle, restons simples, utilisons son nom latin : *Squatina squatina*.

Les ailerons perpendiculaires du poisson font penser à des anges.

Cet ange de mer fait partie du club très sélect des cent espèces les plus à risque de disparaître. Appelez Nicolas Hulot, ah, non, c'est vrai, il a démissionné pour sauver la planète, courage fuyons.

Le *squatina* est même mentionné par Pline l'ancien : « De même l'ange (*squalus squatina, L.*) et le turbot se cachent, et, avançant leurs nageoires, les font mouvoir comme de petits vers. »

Il est ainsi nommé car sa peau servait à polir le bois ou l'ivoire et il aurait ainsi donné son nom à la baie entre Antibes et Nice.

Le mot baie, lui est plus simple, c'est plus petit qu'un golfe, mais plus grand qu'une crique.

Et puis baie des anges, c'est mieux que baie des cochons en moins révolutionnaire certes. Ça fait moins rêver que la baie d'Along au Vietnam, qui mérite vraiment sa réputation d'exceptionnelle beauté, mais enfin c'est une très belle baie, il suffit de grimper n'importe quelle montagne pour profiter de son charme immédiat.

On ne voit plus ces requins-raie et pour cause, ils ont presque disparu.

Mais un ange, dans le langage commun, de mon pays encore un petit peu catholique, c'est un envoyé de Dieu, souvent un mec, désolé mesdames, avec un message, mon préféré c'est Gabriel qui vient dire à Marie, tu vas être enceinte de Dieu, ce à quoi elle répondit *Ecce ancila Domini*, c'est à dire : « quoi pas de dîner? pas de ciné? juste comme ça, enceinte quoi, non mais oh. »

Non je plaisante, en vrai, elle répondit, je suis la servante du Seigneur.

Ici, ce sont les anges qui rapportèrent la dépouille de Sainte Réparate, toute une histoire, mais je la fais courte. On tenta de la brûler mais il plut, on lui fit boire un jus bouillant, mais elle en redemanda, finalement, on la décapita et on la mit dans une barque à dériver et elle arriva à Nice.

Elle avait fait quoi pour mériter cette décollation? Elle était chrétienne, or en 250, l'empereur romain Dèce, décida de rendre obligatoire le culte impérial, et en cas de refus on était exécuté. Il ordonna ainsi l'exécution du pape Fabien, et il n'y eut plus d'évêque de Rome pendant plus d'un an. Sainte Réparate refuse également de renoncer à sa foi, elle n'a que quinze ans.

Dans les autres grands saints, on compte Lazare à Marseille, le meilleur ami de Jésus, Tropez de Pise lui voyagea avec un coq et un chien mais sans sa tête, arrive à Heraclea, aujourd'hui Saint trop', et Marie-Madeleine, serait-elle arrivée jusqu'aux Saintes Maries de la mer, vous l'avez compris, j'aime beaucoup ces saints voyageurs et la Baie des Anges porte bien son nom, qu'il soit religieux ou marin.

14. Pourquoi y'a des inscriptions latines partout et des latrines nulle part?

Les blagues de latrines, c'est bon quand on a cinq ans, sauf que quand on a 5 ans eh bah on ne sait pas ce que sont les latrines, ni leur belle origine... latine!

Les latrines latines, ce serait un super titre, pour un roman érotico-humoristique avec une vision politico-médicale, mais malheureusement, je vais devoir remettre ce projet à plus tard car les plus anciennes toilettes — et je vous promets que c'est ironique mais vrai — sont indiennes.

Nées en tout cas dans la vallée de l'Indus. Et si je parle de caca pour parodier mes deux prophètes de la fiante, mes fils de 4 et 5 ans, véritables philosophes-poètes quand on en arrive à ce sujet.

Ménestrel de la petite salle des selles, je ne serai pas toutefois. Si je parle —à la Yoda— de propreté c'est parce que c'est le lot de toute ville et donc de toute civilisation et les Niçois n'y échappent pas. Parlons donc de ce dont on ne parle jamais: la propreté de la ville.

Et commençons au début, près du musée préhistorique de la ville.

Qui a chié près de l'entrée de la grotte demande Cro-Magnon?

Désolé répond Néanderthal.

Et très vite, on a compris, que c'était un problème de société bien au-delà de la simple propreté mais qu'il en allait de notre survie et que le sujet de nos rejets devenait un enjeu crucial. Déjà on a commencé par comprendre comment tout cela fonctionnait. Bon d'accord, on a peut-être trop poussé la recherche pour écrire des livres sur l'intelligence du colon. Et je voyais ce matin, sur un panneau vidéo de la ville au feu rouge de la place Masséna, une publicité pour le dépistage du cancer du colon, suivie par une communication pour une école de gastronomie, c'est drôle et pourtant c'est lié. Sans être un des rois Louis qui ne se déplaçaient jamais sans leurs porte-cotons, qu'on appellerait aujourd'hui porte pq. Et bien, l'analyse de nos selles est un bon moyen d'en savoir long sur notre santé.

Retour à Nice et l'ouverture du Cours Saleya qui a nettoyé une rue un peu laissée à l'abandon.

Si l'on remonte vers la ville latine de Nice, Cemenelum devenue Cimiez, alors on retrouve à côté de son amphithéâtre de quatre mille places, ses vestiges de *cloaca minima*, l'un des premiers systèmes de tout à l'égout au monde.

La ville aujourd'hui semble moins dotée de commodités, ce qui n'est pas commode et quand enfin, on en trouve, on a l'impression que les toilettes étaient fermées de l'intérieur.

Cette erreur, qui n'est pas que niçoise, mais assez propre — humour— à une bonne partie de la Côte d'Azur devrait s'inspirer de cette citation de la vulgate « *Sicut canis, qui revertitur ad vomitum suum* ». En gros, l'homme refait toujours les mêmes erreurs, ou encore selon Pline dans son Histoire naturelle pour les soirées arrosées, vomitiones adjuvant les rejets aident. Puisqu'on sait que nos ancêtres les Romains avaient l'idée de vomitorium pour continuer à passer une bonne soirée.

Si au contraire, vous vous sentez exclus comme Emmanuel Philibert en attendant le Grand Jour, dîtes: *spoliatis arma supersunt* (à ceux qui n'ont plus rien, reste les armes). Même si je trouve que c'est une menace un peu forte, juste parce qu'on ne trouve pas de toilettes.

15. Pourquoi Napoléon a habité rue Bonaparte?

1794. Rien que l'année sonne, nous calculons tous: cinq ans après la révolution. Aux States, c'est l'abolition de l'esclavage, lequel esclavage existe encore aujourd'hui et contre lequel des peuples luttent toujours. Ce livre est apolitique, mais des mots comme esclave me mettent hors de moi. Les Montagnards instaurent le culte de lÊ'tre Suprême, une bonne idée à la con, comme dirait Raoul, mon copain de bistrot, une idée inventée par les schtroumpfs ou les franc-maçons je ne sais plus.

Napoléon a 25 ans, il est à la tête de l'armée d'Italie. Robespierre chute le 27 juillet et avec lui la Terreur, ce sera décisif pour Napo. Danton et Desmoulins sont également guillotinés, ça donne envie.

Rousseau entre au Panthéon, on édite William Blake. 1794, une année qui a changé le monde et celui qui va créer un Empire réside à deux pas de la place Garibaldi. Si je mets en place un petit théâtre historique, c'est pour imaginer ce qui doit bouillir dans l'esprit de notre célèbre Corse du Royaume de France. Né de la chute d'un royaume, forgé homme sur la fin d'une révolution, ça me donne envie de manger Corse.

En août ses amitiés jacobines le verront enfermé au fort carré d'Antibes. Il s'en sort de justesse. Ça donne envie de dire, c'est fou la vie, au siège de Toulon l'année d'avant, c'est une célébrité, admiré du frère de l'Incorruptible. L'année suivante, il frôle clairement la guillotine, pour finalement devenir un vrai Français, un chômeur donc, en 1795.

Le 9 mars 1796, il arrive en retard —comme quoi, ça arrive aux meilleurs, encore désolé ma chérie— à son mariage avec Joséphine à la mairie du deuxième arrondissement de Paris, en demandant au préposé de « faire vite » parce qu'il est pressé. Deux jours après, le onze mars, jour de mon anniversaire, il est à Nice avec sa petite armée, vous avez bien lu, pas sa petite amie, sa petite armée. Cette petite armée va entrer dan l'histoire avec la campagne d'Italie et forger la légende du petit caporal devenu grand général. Cette campagne est encore étudiée dans toutes les écoles militaires du monde.

La campagne d'Egypte se termine, certes de manières plus délicate, et il revient dans la rade de Fréjus, après une complexe traversée de la Méditerranée chassé par les Anglais pendant un mois et demi.

Sacré Bonaparte, littéralement puisqu'il se fit sacré avec Joséphine à Notre-Dame de Paris, les températures étaient négatives, il aurait mieux fait de rester dans le sud et puis le voyage aurait été moins éprouvant pour l'évêque de Rome. Ce sacre par - 10°C fut une catastrophe, sa couronne de laurier en or était trop lourde, il dût arracher des feuilles pour la supporter.

Dernière anecdote, on avait interdit aux femmes de se couvrir la poitrine malgré un froid de canard, s'il s'était marié à Nice, ils auraient eu moins froid.

16. Le tramway, pourquoi c'était mieux avant?

En fait, je ne sais pas si c'était mieux avant, mais notre nature nostalgique, de Gaulois-latinos-hellènes marinés de Phocéens, fait que nous aimons bien dire, c'était mieux avant. Alors que je dévore les livres historiques, à qui je rends hommage au passage, je ne crois pas que c'était mieux avant. Beaucoup de ces ouvrages sur Nice ont une tendance à cette nostalgie, j'ai même lu que la ville était mieux quand elle était moins peuplée. Ça veut dire quoi moins peuplée? quand on était cinquante au pied de la colline, là ou se trouve terra amata et qu'on allait chercher des galets au Paillon pour faire du feu.

Avant la guerre, avant l'ère industrielle, avant Napoléon, avant la Sardaigne, avant Cemenelum, avant Nikaia, avant qu'Ève ne refile une pomme pourrie à Adam et où c'était légal d'aller à poil à la plage... Vous l'aurez compris on n'a pas tous la même nostalgie. *Tout Coum 'Dinans*, comme disaient les Piémontais, pour célébrer le retour à l'ancien régime après la chute du premier empire. Tout comme avant.

Et j'adore ces débats de « c'était mieux avant », parce que dans le genre conversations pour se brouiller entre amis, il n'y a pas mieux.

En effet le tramway de Nice est là depuis 1878, soit une naissance sur les ruines de la chute du Second Empire, dont il existe un paquet de nostalgiques aussi.

Ce que j'aime dans les cartes postales qu'on trouve dans les brocantes sur l'ancien Tram c'est qu'il était tiré par des chevaux. La Classe! Ça avait une autre gueule, entends-je hurler les nostalgiques et je les rejoins sur ce coup là. Mais il faut compter avec les accidents de ces nobles canassons qui prennent peur, du bruit de leurs fers sur les pavés qui à lui seul remplit une partie de la littérature romantique et enfin et surtout de ce qui est bon pour les fleurs, les arbres fruitiers et cultiver les patates, le crottin. Certes, mais il n'allait pas sans une certaine odeur, qui avec les Vents de Bella Nissa devait traverser la ville plus vite que les rumeurs.

La charmante hippomobilité est d'abord épaulée par l'électricité pour aller à Cimiez dès 1895 avant qu'une centaine de motrices ne se mettent à dominer la ville au tournant du siècle dernier pour desservir toute la ville.

Notons, qu'elle ne cachait en rien l'élégance de la ville, puisque les ingénieurs avaient déjà opté pour une électrification par caniveau souterrain.

On sait pourquoi il y avait des tramways, mais pourquoi n'y en avait-il plus?

À cause de l'éternelle voiture et de la passion du public pour ces machines. Voilà pourquoi le tramway est si symbolique –mondialement– des évolutions de civilisation, un jour on adore et on dit, c'est génial et dans les années 1930, on dit c'est vieillot, jetez moi tout ça à la poubelle. Pour qu'au tournant du XXIème siècle, on dise, mais en fait c'était génial, et il est fort probable qu'avec l'invention des avions privés, des trotti-wings et autre ubercoptères, on se mette à hurler dans un avenir pas si lointain, mais c'est pourri le tram en fait!

Personnellement, j'ai une voiture que j'utilise surtout pour explorer la région, sinon, j'ai un petit vélo pliant qui me permet de beaucoup utiliser le tram, et c'est un vrai régal de parcourir ainsi la ville.

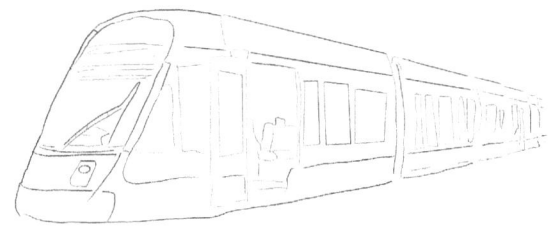

17. Pourquoi c'est tout pété Nice?

Le Lecteur : Dans la série, question bête, celle-là, elle est gratinée. Il est con le type qu'écrit ce bouquin ou quoi?

J'aime les question bêtes. C'est un amour inexpliqué, de même que j'aime la bêtise, qui fascinait Flaubert, qui fascine aujourd'hui les philosophes et qui continuera de fasciner tout citoyen amoureux de sa liberté.

Aussi, la fêlure, aussi petite soit-elle semble toujours être révélatrice d'un état d'esprit. Je m'explique.

La grue du port Lympia, on est d'accord, elle est toute pétée, elle ne fonctionne plus pour parler comme les élus qui sont payés pour créer des mots comme provence-alpes-côte-d'azur. Il devait y avoir un prix sur les traits-d'union ce jour-là. Elle est classée monument historique et labellisée patrimoine XXème siècle, très bien. J'aime le rappel du génie civil, qui prouve la capacité d'invention des hommes pour faire avancer l'échange des biens, merveilleux. Mais si on est honnête, c'est moche cette vieille grue inutile. On pourrait peut-être la peindre avec des fleurs, mettre des néons, je suis sûr qu'un concours d'artistes lui permettrait de vivre et de se renouveler en permanence.

Par contre à Terra Amata où l'homme a domestiqué le feu pour la première fois en Occident, on a construit un immeuble dessus, mais on garde la grue Applevage n°14 de 1937, qui semble plus importante que ce qui s'est passé dans le coin il y a 400.000 ans. Bêtise, quelqu'un a dit bêtise? excusez-moi, j'ai cru entendre bêtise.

Question complexe que la conservation muséale, je l'entends. Les resources ne sont pas sans fin, et j'ai été journaliste pendant des années, pour avoir suivi bien des conseils d'administration ou les passions sont hautes et les actions difficiles dans leur aboutissement. J'ai une véritable admiration pour les élus car je sais la difficulté de faire vivre ensemble une population, quelle que soit sa taille. Un million d'habitants et quatre millions de touristes, on imagine le poids de la charge, ça n'empêche pas de militer pour sa crèmerie ou de dénoncer ce qui semble inacceptable et nombre d'associations niçoises sont très vigilantes sur ce point. Pour que cette relation ne soit pas « toute pétée », faisons œuvre de bienveillance.

Cemenelum, c'est tout pété. Certes, mais quelle trace magnifique de notre antique cité romaine. Un des premiers tout-à-l'égout d'Europe. Ah bon? C'était pas à Rome? Étrangement, les Romains dans leur quête d'empire avaient tendance à mettre en avant leurs ingénieurs à l'étranger avant de le faire à domicile, c'est un peu le cordonnier qui est le plus mal chaussé, si vous voulez.

Oui, la ville est marquée par des immeubles fatigués, mais j'en vois tous les jours qui sont ravalés. Avec la pandémie, il va falloir se mettre à apprécier la fêlure. Et pour cela qui de plus fort que les Japonais avec l'invention du *Kinstugi*. Ne prenez pas l'air étonné, vous connaissez ces bols japonais qui ont été réparé avec des jointures en or, le *kintsukuroi*, la réparation en or, pour désigner la technique est devenue une philosophie. La casse d'un objet ne signifie pas sa fin, mais le début d'un nouveau cycle de vie. De la même manière l'histoire de l'art —et mes années de travail au Louvre*— m'apprirent que la patine du temps pouvait parfois être plus intéressante que la restauration d'un tableau, d'une sculpture ou d'une fresque. Apprenez à apprécier la fêlure, autant que la patine et trouvez moi un artiste pour décorer notre grue monument historique, je suis sûr qu'un peu d'apparat lui ferait du bien. Après tout, elle va bientôt devenir un *Tsukumogami*. Selon la croyance japonaise, tout objet qui fête son centenaire devient un esprit.

*Voir *Trouver son bonheur au Louvre*.

18. Pourquoi y'a une boulangerie tous les cinq mètres et (presque) pas de poissonnerie?

Déjà, il y a boulangerie et boulangerie. J'aime Bastien mon boulanger épicurien de Mama Baker. Pourquoi je l'aime, parce qu'il a du plaisir à faire son métier, et qu'il n'y a pas plus agréable pour moi de voir un homme heureux dans son travail. Quand je venais d'avoir dix-huit ans, un pécheur à l'Île Maurice me dit, il y a deux choses importantes dans la vie, « Ta femme doit te faire bander et ton métier doit te faire bander. » Ça n'est pas très élégant et pourtant, je suis cette règle depuis quelques décennies avec un grand bonheur.

Et puis je pense souvent à l'invention de la cité par les Grecs, qui pensaient qu'il y avait des métiers nobles, donc aristocratiques, *arsitos* en grec les meilleurs et *cratos* le pouvoir, donc la société avant la démocratie. Le pouvoir au peuple (ou aux moins doués?). Et que l'on devait avoir des métiers nobles et des métiers viles. J'ai fait du pain pendant le premier confinement, et j'y ai pris beaucoup de plaisir. En tant qu'auteur je suis du côté des activités nobles pour mes ancêtres grecs, mais en tant que guide-conférencier dans les musées je suis du côté des esclaves pour beaucoup de visiteurs. Je ne compte pas le nombre de fois où j'ai entendu la phrase, « c'est juste un guide. » De même qu'on entend, c'est juste un youtoubeur, juste un journaliste ou juste un gigolo. Comme si il y avait les métiers qui faisaient rêver et les autres. On ne dit jamais c'est juste un pompier ou juste un astronaute, puisque c'est censé être le rêve de tous les enfants et de fait j'ai deux petits testeurs de rêves, je vous confirme, ça l'est toujours.

Nice a donc la chance de compter des boulangeries dans presque toutes les rues, en tout cas c'est mon sentiment et je l'adore.

Je ne parle pas des bouchers, charcutiers pour qui j'ai le plus grand respect, mais je ne mange plus de viande depuis des années, sans doute mes années indiennes m'ont elles ôté l'envie d'en manger.

Je ne suis toutefois pas végétarien puisque je mange des poissons ce qui fait de moi un piscivore, du latin *vorare* avaler et *piscis* poissons mais également un ichtyophage, du grec ancien *Phàgos*, un mangeur et d'*ikhthús*, poisson. J'adore ce mot, car c'est également le premier signe de reconnaissance des chrétiens, l'acronyme de Jésus, *Iota, Khi, Thêta, Upsilon, Sigma*, soit Iêsoûs, Khristòs, Theoû, Huiòs, Sôtếr, Jésus christ de Dieu le Fils Sauveur, mais comme d'habitude, je m'égare.

Il n'y a que peu de poissonneries à Nice mais on peut aller acheter son poisson directement au port Lympia ce qui est très agréable et sinon, les marchés en proposent du mardi au dimanche. Vous pouvez être conseillé sur des recettes, sur la façon de le cuisiner, l'ambiance en tout cas en début de matinée est digne de la sympathie des Niçois.

Si comme moi, vous aimez le pain et le poisson; bon d'accord, j'avoue et le vin, alors n'hésitez pas à prendre des chutes, à les mixer et à vous faire un petit tarama maison pour surprendre vos amis avant de les régaler d'un bon plat niçois. Chez Quentin, le poissonnier, reste mon repère de pirates adeptes du pesco-végétarisme.

19. Pourquoi ne devient-on pas Monégasque?

Guitry avait raison, on n'est pas croupier à Monaco, on naît croupier à Monaco. Dans son fameux Roman d'un tricheur, notre célèbre comédien réalisateur à la narration hors pair, n'y va pas de main morte pour moquer, en 1936, le rocher en forme de tête de chien. Dans un monologue dont il a emporté le secret dans sa tombe, il s'amusait alors que l'on n'ait retrouvé dans les fouilles archéologiques que des pièces romaines et d'ajouter qu'à l'époque déjà on perdait de l'argent à Monaco.

Avec son casino « qui a l'air d'une gare où l'on ne délivrerait de billets que pour des directions inconnues. »

Monaco, ça fait rêver mais pourquoi? Quand on est pilote de Formule 1, je comprends, on est defiscalisé, on se balade entre son coupé sport et son yacht, on va de palace en palace, comme à Nice, oui, mais là, six cents mètres par deux cents mètres, on est sûr d'être vu.

Sûr, pas tant que ça pourquoi? Déjà, parce que quand tout le monde a un coupé sport, à moins, d'être journaliste à Auto-moto, impossible de différencier une Ferrari d'une autre, c'est rouge, ça fait du bruit, et y'a toujours un type ténébreux et une pin up dedans, pas toujours dans cet ordre.

J'exagère, certains Niçois, dont je suis, vont à Monaco, pour lécher les vitrines, à défaut des bagnoles ou de leurs passagers. Ou encore pour aller caresser des requins, à défaut toujours des passagers de la marque de voitures de sport de Maranello.

Pour aller voir des cactus que je ne recommande pas de caresser à Monte-Carlo, dont j'apprends dans mes recherches pour écrire ce passage, qu'ils n'ont d'autres gentilés (habitants) que Monégasques à l'image de ce premier des trois quartiers du Rocher, nom dont on doit bien se moquer quand on est de Monte-Carl 'qui reste la façon chic de le dire.

Chic, ça l'est Monaco, car qu'on n'aime ou pas ce luxe de stupre, le casino, c'est Charles Garnier, commandé par Marie Blanc, qu'on salue pour ce choix d'architecte. Choix toujours, Sarah Bernhardt fût la première à en arpenter la rampe. Quel goût!

Et puis, quand on pense Monaco, on se transforme en Français de base et on dit, Salauds de Riches! Oui, mais... Déjà, le casino, ne fut construit que pour redresser les finances du rocher qui venait de perdre Roquebrune et Menton. C'est seulement après deux échecs et la folie d'un investissement pharaonique —après tout, si ça a marché pour les Pharaons— que Charles III de Monaco parvient à faire fructifier son casino. Le passage du Nice - Vintimille qui traine ses rails par le Rocher, va permettre à Charles de renommer le quartier Monte-Carlo en hommage à lui-même parce qu'on ne pense jamais assez à se féliciter. Je ne suis même pas ironique. Cette même année 1866, sera dans la série des réjouissances, également, celle qui décide d'arrêter les impôts à Monaco.

Bravo à Monaco, d'attirer autant de public, et aussi éclectique, si vous aimez les requins, les Ferrari, le foot, le yatching, les hôtels de luxe, les bains de boue, les cactus, les fruits de mer, il parait même qu'ils font la meilleure pizza de la Riviera, ils sont forts ces monégasques, si vous aimez tout ça, alors allez faire un tour à Monte-Carl'.

20. Le sentier du littoral est-il révolutionnaire?

N'en parle pas me disent des amis niçois ou tout le monde va y aller. Du coup j'en parle bien sûr. Car je n'aime pas le secret, j'aime en tant que catholique ce qui est pour tous. Ce qu'il y a eu de meilleur dans ma vie c'est ce que j'ai partagé, avec ma femme, avec mes amis et au-dessus de tout avec mes enfants.

Une loi de 1985 décide de protéger le sentier littoral et pourtant on se rend compte que c'est compliqué de profiter vraiment ce ce sentier. Mais il est là, puis il n'y est plus, loup y es-tu? pourrait-on plaisanter si on maîtrisait le Nissart.

Parcourant des quasi-calanques après La Réserve. C'est un bonheur de marcher sur ces chemins, d'y aller manger une salade –niçoise, bien sûr– et d'y prendre le soleil frais du printemps.

Attention, on peut être surpris par de grosses vagues qui au mieux vous mouillent, au pire vous emportent.

La sécurité ne gène pas le plaisir, bien au contraire.

Un petit couvre-chef au cas où et direction Cap d'Ail. L'option par le tour de Saint-Jean-Cap-Ferrat qui ne rallonge que d'une grosse heure est forte heureuse, car à sa pointe, on a l'impression d'avoir quitté la terre.

Avant vous aurez quitté la Réserve, ouverte depuis le XIXème siècle. Et vous aurez atteint la pointe des Sans-Culottes, qui malheureusement n'est pas nudiste, mais c'est un choix de vie personnel.

En parlant de Sans-Culottes précisons que c'est après la Révolution française qu'est voté le décret pour la création du sentier littoral. Souvent en Bretagne, comme chez nous, le sentier est calqué sur les anciens chemins des douaniers.

Après la Rascasse, ce scorpaenidé aussi voluptueux que dangereux, vous arriverez au Lazaret, qui désignait les lieux de mise en quarantaine, mot revenu à la mode (sic!) depuis la pandémie de 2020.

Admirez la Tour Paganini. Le génial Génois Niccolo est sans doute le plus célèbre violoniste, altiste et guitariste —ce qu'on sait moins— du monde. Il a terminé sa vie à Nice, une plaque est à son nom dans le Vieux et une légende dit que cette tour du Lazaret y aurait abrité sa dépouille. Son toit en faïence vernissée semble aujourd'hui un hommage, à celui à qui j'associe le pizzicato, soit jouer de la guitare avec son violon. Technique que j'adoptais enfant, étant un piètre violoniste, pour amuser la galerie, j'étais bien destiné à être humoriste et non à rejoindre un ensemble philharmonique!

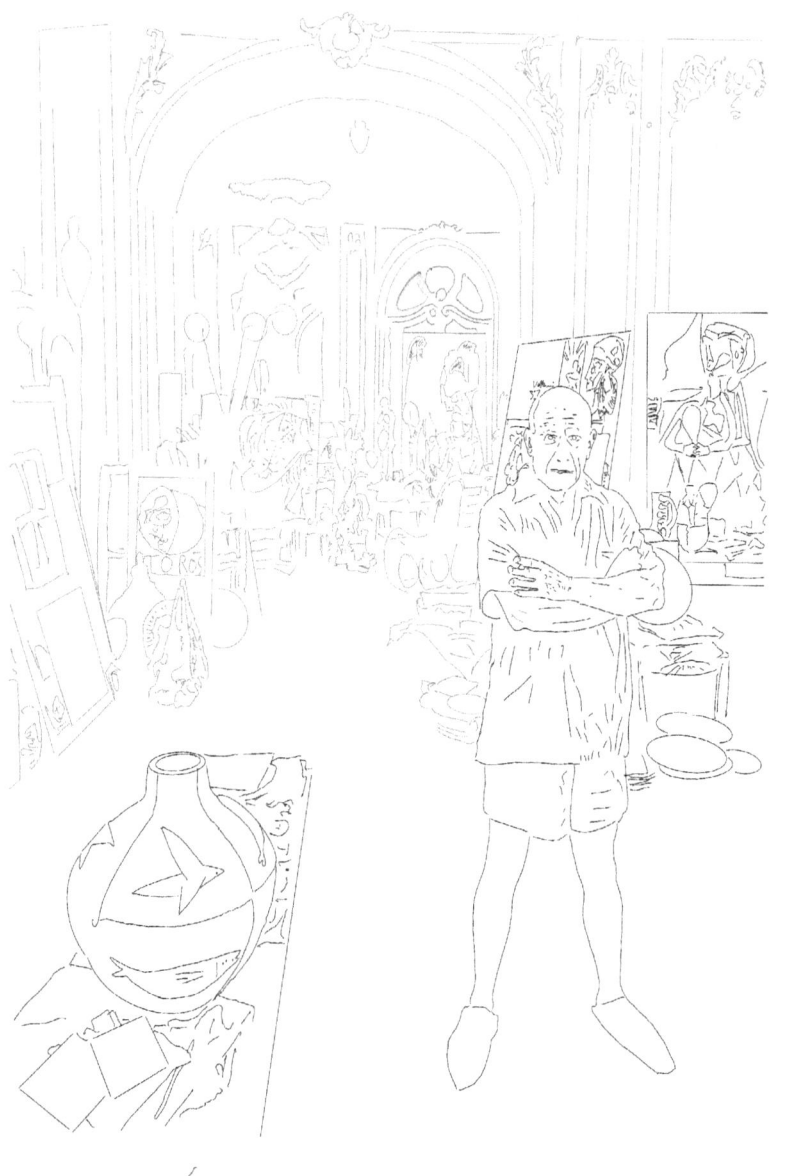

21. Quand t'as rien à dire, fait du name dropping?

Vous aurez beau m'attacher à une chaise, me couler les pieds dans le béton, je ne dirais rien. Attends, ah, merdre, ça c'est le début du chapitre sur la corruption, bon, je le garde quand même mais j'avoue: je suis *people*. Des amis (de gauche, mais on pardonne tout à ses amis) m'ont reproché de m'être laissé allé au photocall, d'avoir pris des drinks avec Laurent Blanc et Maïté (pour les sportifs); Jack Lang ou Jean-Louis Debré (pour les remplaçants). J'ai honte mais j'avoue, je n'aime pas faire la queue pour avoir un cocktail, j'aime que mon nom soit sur la liste en regardant nonchalamment la queue de cent personnes dont seule une sur cinq entrera dans cet établissement à la musique trop forte et aux boissons hors de prix. Et je ne suis pas le seul à aimer le *people*, Nice surkief le people, oui, je mixe anglais et arabe, c'est pas gagné pour rentrer à l'académie française.

Nice est people depuis toujours, une première rafale dans le désordre, Renoir a eu un atelier à Nice, un des pères de l'Impressionnisme quand même. Fabrice, un des beaux-pères fondateurs d'Interville (je reconnais, ça claque moins), est né à Nice. Thierry Ardisson toujours à la téloche, est issu d'une vieille famille niçoise. Paganini, le violoniste meurt à Nice. Musique toujours, Stravinsky, mais si Le Sacre du Printemps, c'est la musique de Fantasia pour les fans de Walt Disney a été composé à Nice. Piotr Ilitch Tchaïkovsky également a trouvé l'inspiration à Nice, lui aujourd'hui si populaire et à qui l'on a presque tout reproché, trop romantique, trop classique, trop réactionnaire, trop populaire, bref, au final, son œuvre immense est restée, il faut l'écouter pour se faire une idée.

Pour ceux que j'ai perdu, je fais une série sport, avec la regrettée Camille Muffat disparue en hélicoptère, Yannick Noah, le préféré des Français a appris à jouer au tennis à Nice, ça c'est la classe ou pas? ah, non, La Classe, c'est mon beau-père Fabrice, j'arrête.

Ferdinand Payant, cycliste un peu oublié, mais qui a fait huit tours de France, dont une dixième place et Axel Carion dans les fous locaux de biclous plus récemment.

J'oubliais l'ami Julien Lepers qui a fait son droit à Nice avant de devenir champion de questions... pour un champion. La belle Otero, dont la poitrine aurait inspiré le dôme du Negresco passa plus de la moitié de sa vie dans la ville. Ça aurait plus aux Niçois Mocky, ainsi qu'au cancre Apollinaire qui y rate son bac au lycée Masséna.

Berlioz qui a pas mal trainé à Nice pourrait nous mettre tout ça en musique sur un texte du Niçois Michel Butor que j'ai eu la chance de rencontrer, à travers des amis Américains de Brooklyn, comme quoi on n'est jamais aussi étranger à défaut d'être prophète en son pays. Mention spéciale au Niçois de naissance Alfred Binet, qui? Le premier psy qui mesure l'intelligence pour faire vite, le fameux Q.I. est le résultat de ses travaux. Perso, je ne sais pas, j'ai jamais passé le test. Deux grandes niçoises que j'aime, Catherine Ségurane, parce que c'est La liberté guidant le peuple niçois contre Barberousse, ça donne envie de regarder du catch mixe sur Youtube et Simone Veille, une autre lutteuse, rencontrée rapidement à la fondation Rotschild, invité par mon ami Alain Kleinmann qui recevait une distinction, la classe Alain, qui aime beaucoup la Côte d'Azur. Aragon et Elsa Triolet s'aiment à Nice, à côté de la statue de Chirac pour ceux qui veulent aller réciter des poèmes surréalistes.

P.S. 1 : La Reine Victoria adorait nice! So chic, on y reviendra.
P.S. 2 : Pour Elton John, Tina Turner et Sean Connery, voir le chapitre villas de milliardaires.

22. Pourquoi on enterre bien les douches?

La mer, qu'on voit danser le long des golfes clairs. Oui, je sais c'est pas de moi, c'est du grand Charles, Charles Trenet bien sûr. Pour ceux qui ne sont pas au courant, y'a la mer à Nice. Oui, je sais que c'est complètement con de dire ça et en même temps, les non-dits dans les couples créent souvent des petits malaises qui entrainent des incompréhensions, lesquelles mésententes finissent par enterrer les douches. Quel rapport? Franchement : aucun. Mais je ne savais pas exactement comment répondre à cette question, qui ressemble plus à un défi de bistrot au troisième apéro, qu'à un sujet de philosophie au baccalauréat et pourtant je vais y répondre, parce que c'est une question que je me pose le matin en sortant… de ma douche bien évidemment, douche dans laquelle je massacre Charles Trenet comme tout Méditerranéen qui se respecte en se lavant les fesses.

Alors pour parler nettoyage et Méditerranée, je vais citer un autre grand mec, du moins en taille, c'est Jacques Cousteau qui parlait de « Méditerranée poubelle ».

Tout le monde a vu des pétroliers s'échouer, vu d'hélico, on dirait une expansion de César, faut aimer l'art contemporain, mais avec un œil d'esthète on y arrive. Surpêche, mazout, boue rouge, algue envahissante —au joli nom de *Caulerpa taxifolia*— l'algue envahissante, c'est comme une ex dont tu t'es séparée mais qui habite encore chez toi, et on sait qu'à Nice pour trouver un appart, faut se lever de bonne heure.

Ça c'était pour les mauvaises nouvelles, pour les bonnes, on lutte! L'observation de la vie sous-marine est accrue en ressources et en vigilance, les réserves sous-marines ont été multipliées et de mon point de vue de scientifique de la serviette de plage, j'aime voir les navettes filets qui nettoient l'eau dans laquelle je me trempe la moitié de l'année.

J'ai la chance d'être né en même temps que le Conservatoire du littoral, ce qui ne me rajeunit pas —et non, je ne dis pas quelle année— mais qui me permet de parcourir les chemins côtiers et surtout préserve la Côte d'Azur de l'un de ses pires cauchemars, la bétonnisation.

Et d'une chanson d'amour

La mer

A bercé mon cœur pour la vie, oui, je pique encore à Trenet ses paroles, pour expliquer cette histoire de douche, sinon, on va comme à mon bouquin d'avant* me reprocher de ne pas toujours répondre aux questions, ce qui est parfois vrai, mais j'ai une bonne excuse, très niçoise, des fois répondre aux questions, ça m'emmerde.

Les douches en hiver ont l'air enterrées par les galets, qui ont pour fonction d'éviter les mouvements trop violents de la mer. Dès la période de farniente revenue, on les déterre. La bonne nouvelle avec la montée des eaux, c'est quand tu habites comme moi, à dix minutes de la plage, si ça se trouve dans dix ans j'ai la plage en bas de chez moi.

Comme quoi, on ne devrait pas rire de tout.

*In *Trouver son bonheur au Louvre*.

23. Chantez-vous niçois?

En 1958, la cinquième république est constituée, pour ceux qui comme moi, n'ont pas suivi, c'est celle qui s'occupe aujourd'hui du destin de la France, et qui a —humour français oblige— déjà été révisée vingt-quatre fois.

Cette constitution affichait dans les établissements scolaires le panneau suivant :

Aux élèves des écoles

Il est défendu :

De parler Niçois et de cracher par terre;

De mouiller ses doigts dans sa bouche pour tourner les pages des livres et des cahiers;

D'introduire dans son oreille le bout d'un porte plume ou d'un crayon;

D'essuyer les ardoises en crachant dessus ou en y portant directement la langue;

De tenir dans sa bouche les porte-plume, les crayons, les pièces de monnaie, etc.;

Voulez-vous savoir maintenant pourquoi ces défenses vous sont faites? Demandez-le à vos maitres qui vous donneront les explications nécessaires.

Souvenez-vous seulement que vous ne devez pas seulement obéir vous même à ces prescriptions, mais que vous avez encore le devoir de les faire connaître à tout le monde.

J'adore —ironiquement— l'association entre parler niçois et cracher par terre, à peine insultante pour l'histoire d'une langue.

La France a signé la Charte européenne des langues régionales ou minoritaires sans jamais la ratifier, ce qui la rend inutilisable, un peu comme le jeu « ni oui ni non » de notre enfance.

Je constate, que les Français s'attachent de plus en plus aux langues régionales. Le breton, le provençal, le catalan et le niçois.

Au moment littéralement où j'écris ces lignes, le garde des sceaux vient d'utiliser le mot baragouiner (le pain et gwin le vin en breton) pour afficher sa position sur la dite ratification de la charte.

Et pourtant les écoles publiques commencent à enseigner des notions de langues régionales à nos enfants et je les en remercie. Déjà parce que ça amuse vraiment les enfants qui ont la capacité d'apprendre bien des langues dans leur plus jeune âge. Et si l'usage de ces langues mortes —et je viens du grec et du latin— est sans utilité pratique, j'ai envie de dire, tant mieux. Tout n'a pas besoin d'être utile. La preuve, on n'enseigne pas l'histoire de l'art en France et résultat 70% des Français ne vont jamais dans les musées.

Le Nissart est une langue d'oc chantée par nos troubadours niçois comme le célébrissime Raymond Feraud —je déconne— mais à l'époque de Charles Ier d'Anjou, c'était Johnny, le mec. Bertran del Poget, aurait fait Eddy Mitchell avec sa haute noblesse, et il devait assurer car il reçut un fief pour son sirvente —poème satirique— et sa *tenson*, une sorte de dialogue, qui peut-être amoureux ou intellectuel et que vont utiliser des auteurs comme Chrétiens de Troyes ou Dante. C'est dire le succès.

Deux derniers par gourmandise, les *partimens* chantés par Blacatz, Everybody wants to be a cat, chantent bien les Aristocats, sorte de chanson type débat philosophique qui m'enchante à sa lecture, c'est du Platon en chanson (qui était sans doute chanté au siècle de Périclès). Et les plus célèbres comédies musicales sont souvent des matières assez fascinantes à réflexion.

Les *coblas* de Blacasset, sont des chansons réputées pour la subtilité de leur versification. Bernard de Ventadour le plus célèbre troubadour, le Corrézien, les rendra célèbres.

24. Qui fait la meilleure socca?

Un petit plaisir qui ne se loupe pas à Nice, c'est la socca, et au fait c'est niçois la socca ?

Oui et non. Oui, car aujourd'hui cela fait partie de la culture de la ville, et si l'on en trouve sur presque toute la Riviera, elle change de nom en passant la frontière, c'est une *farinata* chez nos voisins italiens et une *cade* si on va vers le Var.

Et non, parce que la socca est née avec l'agriculture, en effet, sa recette de pois chiche et d'huile d'olive est vieille comme le monde et ça me fait marrer cette idée de manger comme un Babylonien, comme un bâtisseur de pyramides, c'est peut-être pour ça que la base de l'observatoire de Nice est en forme de pyramide, Garnier avait mangé trop de socca.

Si j'aime celle du marché provençal d'Antibes, c'est surtout pour le four ambulant, si j'aime la socca de Teresa sur le marché, c'est surtout parce qu'elle est transportée en vélo, si j'aime la socca, c'est parce que rien ne me fait plus plaisir que de voir mes fils la dévorer à pleine main, assis sur les marches du Cour Saleya, sous le regard du premier atelier de Matisse, qui devait en manger, il était gourmand. Et Aragon et Elsa triolet qui habitaient au coin du cour, ils en mangeaient? J'espère.

Sinon, il restait toujours le pain bagna. Je fais mon Parisien exprès pour rigoler, on dit PAN bagna, moyen mnémotechnique, penser à Peter, Peter pan, bon, ok, elle est nulle, je sors.

L'histoire semble venir d'il y a deux siècles, au XIXème, en effet, les femmes mettaient du pain rassis pour épaissir les salades, elle le mouillaient pour faciliter sa mastication, d'où son nom de pain mouillé ou baigné. Le pain a fini par manger la salade niçoise, et ce Pac-man local, reste très nourrissant pour quelques pièces.

Sa recette est un débat qui ne cesse d'animer les puristes, ce dont se moquent les touristes. C'est rond, y'a des trucs à manger dedans, c'est un pan bagna.

On pourrait remettre en cause toute la tradition culinaire niçoise avec ça. Au lieu de ça, on continue de picorer. Et quand il s'agit de picorer, la pissaladière n'est pas la dernière. En plus on ne sait pas d'où vient son nom, et moi quand on ne sait pas, ça m'excite le palais.

Deux origines sont possibles, soit le provençal, *peis*, poisson, et *salar*, saler, désignant le petit poisson broyé et salé. On sale nos plats depuis 6000 ans, les Chinois salèrent les premiers, ce qui est une parfaite transition. Pourquoi, parce que la pizza serait née en Chine, comme pandi panda, pour les fans de Chantal Goya et Marco Polo l'aurait rapportée pour ses copains, la pizza, pas Chantal Goya, suivez un peu, sinon vous n'allez rien comprendre. Mais là, cette histoire n'a aucun intérêt pas plus que la chanteuse, ici, d'un lapin a tué un chasseur.

Arrêtez de m'interrompre les enfants, je ne vais jamais arriver à raconter cette histoire. Soit, seconde source, l'origine italienne serait la pizza d'Andréa, *Pizza All'andrea* en italien, soit *piscialandrea*, un petit peu nissartisée. Cette version est plus douteuse mais également extrêmement poétique.

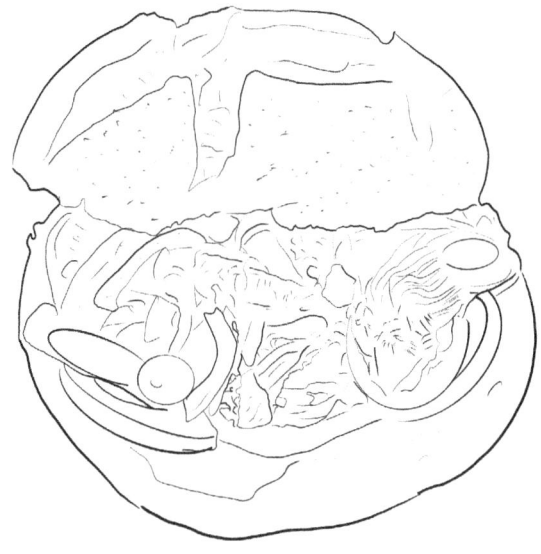

25. Nicée martyrisée, mais Nice libérée?

Dans la maison de famille de mon enfance, le placard de mes parents sous les vestes d'ingénieur de mon père et les robes d'hôtesse de l'air de ma mère se cachait un panneau de bois qu'on pouvait ôter et qui donnait sur une pièce austère. J'ai passé mon enfance à m'y cacher, jusqu'à ce qu'on m'explique que mon arrière grand-tante y cacha des amis de la confession du judaïsme, c'est aujourd'hui encore une grande fierté.

À Nice, au 15 mars 1942, on recense 12717 Juifs et la ville saura être un refuge efficace car le Duce Mussolini interdit les rafles malgré la pression allemande. En septembre 1943, les Allemands occupent la zone libre. La population juive estimée à plus de 50.000 se réfugie dans l'Arrière-Pays où elle est bien accueillie par des Français qui souffrent pourtant déjà de la famine.

C'est quoi la famine dès 1942? C'est deux kilos de pommes de terre, huit kilos de pain et un demi kilo de viande par personne… pour le mois. Et le comté contra fièrement la terrible traque en ouvrant ses fermes et ses bergeries mais également les orphelinats, les institutions, les couvents, tout sera utilisé pour protéger son prochain.

A l'été 1944 —et on ne peut imaginer ce que sont deux ans et demi de famine— les Allemands tiennent le mur de la Méditerranée de Cannes à Menton, la situation est terrible. Bombardements et règlements de comptes sont quotidiens, de jour comme de nuit.

Le 24 août, les miliciens plient bagages et les troupes ennemies se réfugient à la frontière, comme disait Desproges, "L'ennemi est bête : il croit que c'est nous l'ennemi alors que c'est lui !"

Après les libérations de Toulon et de Marseille, les Alliés tentent de libérer le pays jusqu'à la Normandie, Nice se sent abandonnée. Pourtant dès le 26 août les Alliés sont à Antibes. Le 29 août, Canadiens et Américains entrent les premiers, les églises font sonner les cloches. Immédiatement, deux nouveaux problèmes se posent, le ravitaillement et l'épuration. Pour la nourriture, on mange des vesces sauvages, les fougères locales avec cent grammes de pain… toujours par mois! Pour rappel, une baguette pèse 250 grammes.

Le 9 avril 1945, le général de Gaulle en déposant une gerbe au Monument aux morts de Nice met fin à l'une des pages les plus noires de l'histoire du Comté.

On apprend à l'école, la Seconde guerre mondiale, en espérant qu'il n'y en ait pas de troisième mais l'histoire locale est toujours plus intense et ses détails décrivent mieux que des traités de psychanalyse les méandres de l'âme. Les élections qui suivirent en sont le symbole. La meilleure explication de cette période si complexe est le livre de Marcel Aymé, Uranus ou simples français, communistes, résistants, juifs, instituteurs et patrons de café coexistent en affichant (et en cachant) tous des valeurs différentes dans le même village.

J'ai pu consulter des images d'archive, toutes sont choquantes. Les barbelés sur toute la prom 'sont extrêmement agressifs. Le mot Kommandantur en lettres géantes sur l'immeuble des Ponchettes en dit plus que tous les mots. L'image la plus surréaliste reste le quai des Etats-Unis camouflé, oui, camouflé, c'est à dire que tous les immeubles ont été peints en imprimé militaire pour disparaître. Les images insupportables et pourtant nécessaires pour comprendre la Libération —au risque de changer sa signification— ce sont les pendus en plein jour, pendus sur dénonciation. Ces règlements de comptes ont prolongé l'horreur de la guerre bien après l'armistice. C'est un copain artiste, dont l'œuvre est traversée par la mémoire de la guerre à qui je pense en écrivant ces mots, qui disait souvent « rien n'est plus précieux que la vie humaine » et j'ajoute Dieu bénisse les anges de la baie de ne plus nous imposer la vie ou la mort.

26. Qu'est-ce qu'on boit ici?

« La beauté, c'est comme l'alcool ou le confort, on s'y habitue, on n'y fait plus attention. »

Louis Ferdinand Céline dans cette phrase résume bien la ville de Nice et peut-être même toute la Provence, je dis Provence, parce que provence-alpes-côte-d'azur est un mot inventé par un bureaucrate débile échappé d'une œuvre de Shakespeare ou de Kafka, ou les deux.

J'ai lu Céline à l'université entouré de grands professeurs qui m'ont tant appris sur cette vie merveilleuse dont j'ai la chance de jouir, les jours qui ne sont pas gangrenés par des coups de fil avec des fonctionnaires — la conversation me fait perdre mon temps disait Matisse— des obligations professionnelles ou pire des listes de course. Ce qui est heureux dans la liste des courses, c'est que j'aime parler avec les commerçants et surtout avec les cavistes dont certains sont des amis.

Dans cette belle Université du treizième siècle, mon master a été signé par Jean-Robert Pitte, géographe immortel et auteur de Bordeaux-Bourgogne, les passions rivales. Un livre qui explique la géographie du vin. J'ai eu la chance d'assister à un de ses fameux amphithéâtres où il débouchait des bouteilles pour tout le monde. De là débuta mon intérêt pour le vin. Parce que le vin, c'est la terre, et pour être plus précis la roche, et que la terre ne ment pas.

Et le plus ancien vignoble de France est né en Provence, du Sud d'Avignon jusqu'à Nice. Certes, ça ne fait que vingt-six siècles quand la Géorgie peut s'enorgueillir de faire du vin depuis huit millénaires. Il est amusant de noter que les premières traces de poésies occidentales naissent également en Géorgie, coïncidence... je ne crois pas. Comme disait le grand nouvelliste et navigateur Jacques Sternberg « Quand on a décidé de ne plus boire une goutte d'alcool, surprenant comme on a les idées claires. Malheureusement, on n'a presque plus la moindre idée. »

Du calcaire de notre nord-ouest aux massifs cristallins des Maures et du Tanneron, les sols offrant peu de profondeurs, même les vignes ne se torturent pas en Provence. Si le mistral n'arrive pas jusqu'à Nice, notre Marin d'est a la violence qui évite la maladie à la vigne. Comme disait ma grand-mère, qui rêva en vain de prendre sa retraite ici, rien ne vaut le grand air.

Les Phocéens nous laissèrent la culture de la Syrah rouge fruitée, du fin Cinsault de fraicheur, le riche bouquet du Tibouren, les jeunes arômes du Grenache, le velouté du Mourvèdre et ses touches de violette et de mûr. Charpentez moi tout ça Carignan et on se le tannera au Cabernet Sauvignon, on n'est pas bien là, décontracté du...

Je m'emporte mais ça n'est pas de ma faute si poésie et vin sont nés dans le même berceau.

Petit big up au vin Niçois, vin de Bellet, AOC, rolle, roussane, spagnom ou mayorquin sont utilisés pour fabriquer le vin blanc, folle noire, braquet et cinsault pour le rouge et le rosé, les cépages sont des mots poétiques avant même d'être en bouteille.

À la votre, sans modération.

Patron, la même chose, oui, toujours sur mon ardoise, je suis écrivain, je ne suis pas banquier. Mais mon prochain livre, va bien se vendre, je vais la payer l'ardoise. J'ai un feeling sur celui-là, et mon petit-doigt me dit que si tu nous remets une bouteille, mon feeling va être encore meilleur.

Santé les amis!

27. Peut-on voler une banque sans arme, ni haine, ni violence?

La légende française de comment devenir riche —certes illégalement, mais combien de grandes fortunes sont légales?— sans arme, ni haine, ni violence est due au Casse du Siècle. Les majuscules sont peut-être de trop, mais ce qui est intéressant dans cette histoire, c'est le scénario qui s'est déroulé comme dans un film, dont on dirait que le scénario ne tient pas debout. Et s'il ne tient pas debout, c'est précisément parce qu'il marche dans l'eau et un peu dans la merde, qu'il saute par la fenêtre et qu'il file en moto. Le casse du siècle, c'est parti.

Par ce bel été de canicule 1976, un photographe niçois s'associe à des figures du grand banditisme, pour creuser un tunnel dans les égouts du paillon. Des semaines de travail professionnel, permettent d'arriver au coffre de la Société Générale, laquelle société géniale, n'avait pas pensé à mettre une alarme. Ils cassent les coffres et s'emparent d'un butin équivalent à 25 millions d'euros soit cinq milliards d'anciens francs.

Les Français et la presse admirent les gentlemen cambrioleurs, dans un reportage, un policier dit « sans valoriser le crime, on ne peut qu'admirer le travail », énorme.

Le cerveau, le photographe Albert Spaggiari, quitte la ville pour Washington D.C., en Amérique. Après avoir tenté de travailler pour la C.I.A., il rentre à Paris et sera vite appréhendé après l'aveux de ses acolytes déjà tombé dans les mains de la police.

En Mars 1977, il est amené à parler avec le juge d'instruction, et ses amis de l'OAS, l'organisation de l'armée secrète, l'attendent en bas de la fameuse fenêtre du palais de Justice, à laquelle ils ont ajouté des barreaux depuis. Il saute de sept mètres dans le vide, se réceptionne sur une voiture, sans même casser ses lunettes, alors que le juge — quel courage (sic!) — l'avait poussé dans le dos, afin de le rendre handicapé.

La moto l'attend. Il file, les FdP bloquent toute la région, mais le cerveau est déjà à Paris. Il file au Brésil avec son nouveau flirt, malheureusement il n'a touché que trois millions des 25 à 45 dérobés (c'est flou), son gang ne lui a jamais restitué sa part.

Ainsi commence la meilleure partie de cette histoire, les travestissements et les interviews déguisées. En Père Noël, en avocat, en clochard, et mon préféré en rastafari, il monnaye ses informations sur le casse du siècle. La France rigole et sa justice montre son véritable visage, l'impuissance. Le cerveau du Casse du siècle ressemble un peu à l'arroseur arrosé à force d'être à court d'argent.

Opération chirurgicale, promenade à Paris en toute impunité, c'est la maladie qui emportera le cerveau du casse dont il n'aura profité que pour se faire aimer de tous et écrire sa propre légende.

La morale de cette histoire, est que la plupart de l'argent volé, n'a été ni déclaré, ni réclamé, par les propriétaires des coffres, ainsi la légende de Robin des bois niçois de Spaggiari, n'est pas entièrement volée.

28. Les architectes les plus dingues du monde sont-ils Niçois?

Les villas niçoises, c'est déjà quelque chose, mais ça n'est pas tout. Nice a encore bien des surprises à proposer.

Déjà, si l'on n'a pas vu la tête carré de Sosno au milieu des jardins du Paillon, c'est qu'on est aveugle. En effet, cet enfant du pays est choisi pour inspirer ce qui est la première sculpture habitée de la ville, de la région, du pays, bref, du monde.

J'aime les idées dingues de Nice.

C'est le vent qui doit rendre fou.

Autres folies architecturales à une époque ou folie signifiait maison de villégiature construite par l'aristocratie ou la bourgeoisie aisée. Cette mode de la folie daterait de quatorzième siècle. Faisons donc, l'éloge de la folie.

La tête de Sosno était dans le jardin de mon oncle et nous dînions sur la table de Sosno, l'artiste était très présent dans mon adolescence, aujourd'hui j'ai la chance de voir son œuvre tous les jours, une décennie après avoir enterré l'éditeur d'art qui me donna la passion de l'École de Nice.

Je n'ai pas assez parlé du Regina, que dis-je de l'Excelcior Régina Palace, même le nom est too much. Les architectes Biasini et Gordolon se partagent bâtisse et forgerie, Gustave Eiffel aidera à la conception de la couronne qui surplombe les appartement de la Reine Victoria qui y séjourna trois printemps.

Folie grecque (du moins de nom) d'un autre type, l'Acropolis de 1984 (sic!), qui cache le Palais des congrès de 1954, lequel reçut les Beatles en 1965. Folie pop et anglaise du coup.

350 ouvriers bâtirent sous la direction de l'architecte Dalmas, le Palais de la Méditerranée, aujourd'hui hôtel cinq étoiles, après avoir frôlé la destruction, évitée de justesse par son classement Art Déco.

Bayard et Vidal, retenez bien les noms des créateurs de l'arc tétrapode à cheval sur le Paillon. Un des beaux musées du monde —dont on admire trop peu l'architecture— décoré de marbre de Carrare. Le fait qu'il ait été adopté par les jeunes skateurs me rend le Mamac encore plus sympathique.

Retour près de deux cents ans en arrière avec l'hotel West-End sur la Promenade. La magie de cet immeuble Belle époque vient de sa modernité, je m'explique, de son éclairage. On a tendance à oublier qu'au Second Empire, la France fait un tel bon dans la modernité, que le monde entier la visitera non plus pour ses vieilles pierres mais pour son confort « moderne » et le mot est jeté. La Reine Victoria demande la construction du Regina pour profiter du confort et quand Billy Wilder — le réalisateur de Certains l'aiment chaud, avec Marilyn— vint en France, sa femme lui demanda de rapporter un bidet, ce à quoi il répondit d'un télégramme resté célèbre : « Impossible trouver bidet. Stop. Suggère de faire le poirier sous la douche. Stop. »

L'eau courante, le tout à l'égout faisaient partie des demandes de la Reine pour revenir à Nice et l'éclairage du West-End est pour moi, l'un des plus réussi de toute la Riviera. C'est peut-être mon amour des feux de la rampe qui parle, toujours est-il que la lumière reste la grande magicienne de Nice. Ici, disait le peintre Matisse, le noir est une couleur mais aussi une lumière.

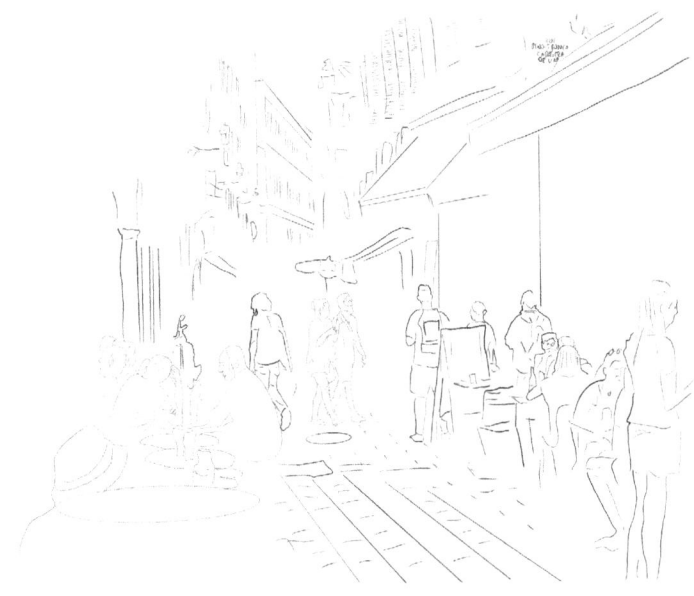

29. Il paraît qu'il y a une villa qui porte mon nom?

C'est plutôt le nom de ma femme, mais vu qu'on a décidé d'associer nos deux noms pour nommer nos enfants, féministe jusqu'au bout du nom, et femmes jusqu'au bout des seins. Oui, quand je m'énerve je chante du Sardou, qui est autant Marseillais que je suis Niçois, puisqu'il est aussi né à Paris.

Je me moque un peu qu'une villa porte mon nom, y'a déjà toutes les salades et la salade niçoise, c'est un monstre sacré de la cuisine, on y reviendra.

Déjà c'est quoi une villa niçoise?

On en compte une trentaine, et la définition est que c'est une habitation quand on est au-delà des ronds, c'est à dire, qu'on ne se fait pas construire une maison, pas non plus un palais, mais pas loin quand même, non, c'est une villa. Héritée de nos ancêtres les Romains, la villa servait autant de lieu d'habitation que de lieu d'administration.

Cela dit pour se faire faire une villa à Nice, mieux vaut administrer quelques ronds, parce qu'il va falloir sortir des radis. Mais ne soyons pas mesquins et ne parlons pas d'argent, rendons plutôt grâce à ces génies, les architectes.

Nice compte une trentaine de villas célèbres, tout d'abord. De style Renaissance jusqu'en 1939, avec quelques incursion gothiques et orientales, elles adoptèrent après la seconde guerre, le style néo-provençal.

Ce qui est bien avec l'architecture, c'est qu'avec quelques notions, quand on habite dans une jolie ville, on ne peut plus jamais s'ennuyer. Même quand tout est fermé, que ce soit, le jour, l'aube ou la nuit, on peut toujours regarder une ville et admirer sa construction, la villa Beau-site au Mont Boron ne peut pas vous laisser indifférent, et si vous avez 10 millions de dollars, elle est à vous. Vous n'êtes pas très architecture, alors vous appréciez la jardin et donc les jardins et les parcs dont le merveilleux et ludique de la villa Masséna sur la Promenade ou encore son éclairage avec l'hotel West-end également sur la Prom'.

Une très belle dans mon quartier de Cimiez est rue Léopold II avec la reproduction d'un tableau en mosaïque, c'est la Villa Russe, un vrai musée à ciel ouvert comme on dit.

Ce que je trouve extraordinaire avec ces villas, c'est la volonté d'un artiste de laisser une trace pour tous. Oui, évidemment, il y a ceux qui vivent dedans, mais pour nous autres, on peut admirer de l'extérieur et on peut jouir de celles transformées en villa. Quel que soit votre avis sur la question, ne les regardez pas avec jalousie, cette colère ne blesse que vous.

Regardez toujours avec les yeux de l'enfant, pensez Picasso, bon je sais c'est pas un bon exemple, il en avait lui des villas Picasso, dont la fameuse Californie à Cannes.

Retour à Nice où j'aime en plus des villas déjà nommées, celle ultra orientale de Cimiez, l'Alhambra, on en reparle dans ce livre.

Dans un style qui n'a rien n'a voir mais qui me rappelle une ville de coeur, Chandigarh, avec une villa en béton brut juste après le col d'Èze, sur la route du fort de la révère. Béton brut, parking sur le dessus, trois étages simples avec une petite piscine en bas, et quelle vue! Le Corbusier, j'écris ton nom.

Sinon, j'aime la villa belle époque Raphaelli-Surany, de la belle époque, construction néo-Classique, vue mer, mais un de nos ancêtres l'aurait perdue au casino. Encore une légende familiale.

En conclusion, je pense que tous les Niçois devraient habiter dans la villa qui porte leurs noms!

30. Pourquoi tout le monde se promène à Nice?

«une vie presque rêvée, une vie d'oisif, comme il en existe peu en ce siècle... Si je suis mécontent de ce que j'ai fait, je ne le suis pas en revanche du genre d'existence qui fut le mien.»

J'aimerais être l'auteur de ces lignes que l'on doit au philosophe Emil Cioran qui aurait fait un bon Niçois. Le lecteur (niçois) : Quoi, c'est la vision qu'il a de nous?

L'auteur : oui, et c'est un compliment.

Ici, on passe son temps à dénigrer le Parisien affairé, toujours pressé, je l'ai même mis dans mon premier spectacle, quand le métro s'arrête et que le conducteur annonce, une minute d'arrêt, un Parisien dit, vie de merde, pays de merde. Moi, j'ai envie d'en perdre plein des minutes, j'en perds tous les jours. J'en donne même si vous voulez. Rousseau s'est promené, la promenade c'est la vie. Déjà, si j'étais lacanien, je dirais que c'est « mener comme un pro », ce qui est déjà quelque chose.

Je vous épargne l'historique, mais en 1824, à la fin des travaux lancés par le révérend Lewis Way, est inaugurée la Strada del littorale, rapidement surnommée *el Camin dei Ingles*. La promenade des Anglais. Tout le monde sait que les artistocats, pardon les aristocrates, je regarde des dessins animés avec mes gosses, on ne va pas me juger là-dessus non plus, ça fait un an qu'on vit avec le coronavirus, faut trouver des astuces. Les aristocrates, donc, décident de passer leurs hivers en villégiature à Nice. De l'italien *villegiatura*, passer un moment en dehors de chez soi consacré à l'oisiveté, qui est-ce qui se moque des philosophes maintenant?

Au passage, le révérend Way (route en anglais, je trouve ça marrant comme nom pour le fondateur de la prom', passons) donna du travail à beaucoup de Niçois en pleine crise économique. Ah! la Belle Époque… où les responsables politiques se préoccupaient du bien-être de la population désargentée, passons également.

La Prom', c'est quoi aujourd'hui? Le Negresco à n'en pas douter, de belles façades Art Déco, puis plus modernes, des *joggers*, des cyclistes, un endroit sûr depuis le drame du 14 juillet mais surtout si vous arrivez en avion, un moyen de s'enfiler des embruns comme Al Pacino, de regarder la farniente (que je considère comme un art) et le bonheur de vivre (sinon, je n'écrirais pas des bouquins qui cherchent le bonheur). C'est l'occasion assez vite d'aller se prendre une glace ou une socca, cour Saleya pour plonger dans la vieille ville et remercier sainte Rita d'avoir trouvé son bonheur à Nice.

Félicitons à nouveau l'idée de la ville d'avoir ouvert cette partie sur la mer avec les récents aménagements de la Cité du Parc avant la rue des Ponchettes . Autre progrès ultra moderne, le passage à une voie de voiture. J'ai une voiture et ça me gonfle d'être dans les bouchons, mais quand je suis sur le trottoir dans cette partie, je suis si heureux de ne quasiment plus voir de bagnoles. L'idée que nos enfants auront tous des voitures électriques me met de tellement bonne humeur, je ne suis même pas écolo, j'aime juste écouter les vagues, la conversation de ma voisine et surtout le bruit des glaçons.

31. T'as pas été au bagne?

Cette question ne devait pas avoir la même signification au milieu du dix-huitième siècle quand on se retrouvait forçat dans le bagne de la maison de Savoie. Aujourd'hui devenue la très tendance Galerie Lympia —du nom du port— c'est le musée à voir. Consacré à des expositions temporaires ce sont 230 m² d'exposition qui contrastent par l'épaisseur des murs et la clarté du port Lympia, ses yachts et ses amoureux des pointus. D'ailleurs à côté se tient la sympathique association de la Mouette Rieuse, plus petite que le goéland et qui se reconnait à ses pattes et à son bec rouges.

J'y ai vu Soulages et Ernst Pignon Ernst, deux peintres pas réputés pour l'humour de leurs travaux, mais le lieu fonctionne à merveille pour se laisser aller au sentiment kantien du sublime, avant d'aller s'en jeter un sur le port avec deux glaçons.

Un lieu qui par son contraste redonne à cette ville studieuse, pleine d'étudiants en psychologie et en mathématiques, le sérieux qui est une caractéristique de l'esprit de la Riviera. Politique à la révolution, religieuse en plein Romantisme, Nice est au XXIème siècle une grande ville de la culture à l'époque de la mode string et crocs, du combat churos contre kebab et de l'éternel dilemme freudien, fromage ou dessert.

En parlant galerie d'art et criminalité, je repense souvent à mes années de pérégrination à New York City. Je donnais un soir rendez-vous à mon ami David pour l'*opening* d'une galerie à Soho. Il pestait en me disant qu'il avait des supers invitations pour une soirée à la Société Géniale où il travaillait. Je répondis on boit un drink à la galerie et on va voir tes banquiers. J'arrive très en retard à cause d'un apéro qui avait tourné de façon rigolote dans ma baignoire avec des santiags mais c'est une histoire pour un autre livre, et je retrouve mon copain complètement paniqué.

- « Que se passe-t-il?

- J'ai parlé à trois personnes, une sort de prison, l'autre d'un institut psychiatrique et la dernière est plutôt jolie et elle a un piercing dans le téton qu'elle m'a montré avant de m'embrasser à pleine bouche.

- Bah, oui, mon ami, ce sont des artistes! »

La Galerie Lympia comme tous les lieux qui montrent de l'art promet de retranscrire les émotions de nos grands créateurs avec ce petit plus d'avoir été un lieu de captivité, et puis Van Gogh, Gauguin, Hugo ont tous été en prison et/ou en institut psychiatrique, c'est presque un signe de reconnaissance pour entrer dans le joli gang nommé: création.

Un dernier point qui me semble essentiel dans cette galerie Lympia , sa terrasse dallée construite par un tour de force d'architectes qui va permettre de contempler des œuvres monumentales, éventuellement un drink à la main pour les vernissages ou les privatisations et de profiter du coucher de soleil sur le port. Un moyen de peut-être trouver l'inspiration pour rendre Nice plus artistique encore, parce qu'on aurait tous voulu être un artiste.

32. C'était quoi le Comté de Nice?

1388, Nice, par son parlement de députés, accepte la protection du comte de Savoie. L'État de Savoie s'étant ainsi du Lac de Genève à la Méditerranée, ce qui veut dire que plus personne ne peut franchir les Alpes sans passer par eux.

L'acte d'Union est ratifié par les états le 9 avril 1487, le comté est rattaché à la France, un siècle pile-poil de comté de Nice.

Si j'ai bien compris et je crois que je n'ai rien compris, pourquoi?

Parce qu'en 1790 le comté est à nouveau rattaché à la France, ça sous-entend que ça s'était détaché, c'est plus une union, c'est une relation Tinder.

Rares sont les jours où je ne passe pas par la Promenade des Anglais et où j'admire, les neuf lignes obliques de Venet. Qui commémorent, c'est marqué dessus, l'annexion du comté de Nice à la France, ça devient les feux de l'amour cette histoire, j'explique.

À cette époque, en effet, Napoléon III souhaite aider l'Italie à s'unifier et demande en échange de son apport, le duché de Savoie et le comté de Nice. Oui, mais, puisque le Comté était déjà dans la France de Charles VIII, pourquoi réunifier ce qui l'est déjà?

C'était compter sans Charles Quint qui envahit la Provence et se fait couronner Roi d'Arles par l'évêque de Nice, la trêve de 1538 —commémoré par une plaque sous le nom de Congrès— perdra définitivement Nice.

Enfin pas définitivement, puisque le comté n'est pas au bout de son histoire, loin de là. 1543, Barberousse, attaque, les Turques sont sur les côtes. La résistance farouche nommera une héroïne, Catherine Ségurane, qui a sa plaque dans le Vieux, comme une résistante lavandière. J'aime la tradition française, qui nomme fièrement Jeanne d'Arc, Sainte Geneviève, ou Germaine Tillion comme nos figures de la résistance à l'oppression à travers les âges.

Le traité du Cateau-Cambrésis de 1559 amène Emmanuel-Philibert de Savoie à la tête du comté qui retrouve une certaine indépendance.

Tout roule au point qu'en 1614, Charles-Emmanuel Ier, fils d'Emmanuel-Philibert crée le Sénat de Nice. Un peu plus tard,

Mazarin petit malin tente de troquer Genève contre le comté de Nice, c'est un échec. À la fin du XVIIème siècle, le roi Soleil est comte de Nice. Nice est à nouveau en France.

Mais je croyais qu'elle l'était déjà?

Oui, mais pas vraiment.

1720, c'est le début des États Sarde pour un siècle et demi. Le Roi de Sardaigne récupère la Sicile et gère la Savoie, Nice et le Piémont.

Je sais ça fait beaucoup. On comprend l'importance de cet accès à la Méditerranée, la fierté des Niçois pour leur ville entre mer et montagne et le fait que même aujourd'hui dans l'une des villes les plus cosmopolites d'Europe, l'identité fait clairement partie du charme.

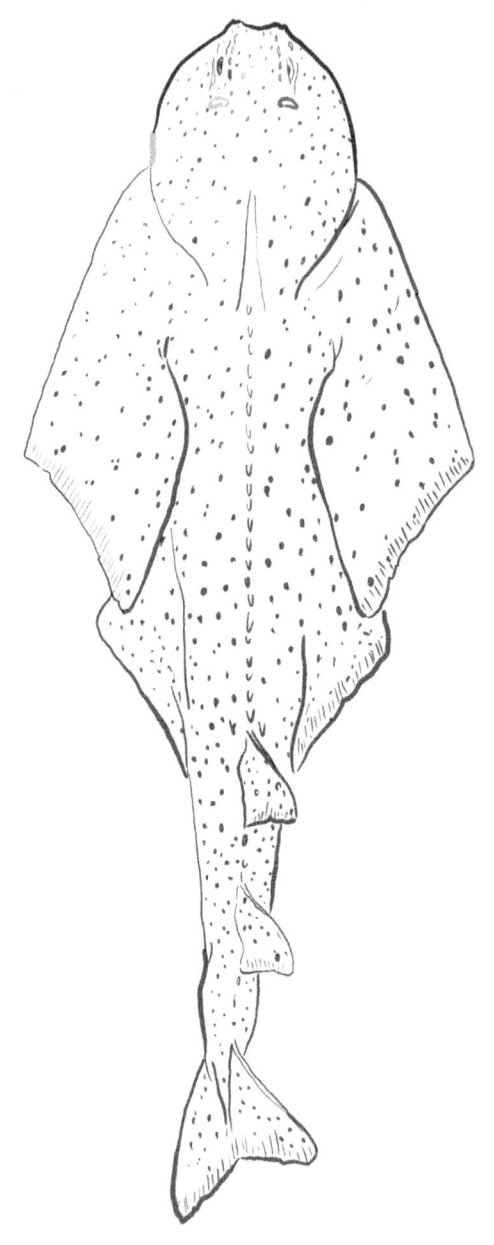

33. Doit-on tout aimer à Nice?

Je ne suis pas un fan de cette sculpture monumentale du port Lympia, mais je crois que l'art contemporain nous plonge dans le futur.

Klein a commencé par être refusé, il est aujourd'hui une figure de Nice.

On a pris César pour un fou, Arman, n'était qu'un malade qui découpait tout ce qui lui tombait sous la main.

Et même Léonard de Vinci, qui a dû passer pas loin en 1515 pour se rendre en France, on disait qu'il ne savait pas peindre, qu'il insultait la religion, etc.

Je préfère dire de Lou que ça ne m'émeut pas, que je n'ai pas immédiatement d'attirance pour l'œuvre, mais je tiens à préciser que mon fils de quatre ans adore, et que c'est lui qui m'a montré que c'était une pièce avec des bateaux, ce que je n'avais pas vu. J'aime le fait que l'artiste ai décidé de schématiser le bateau plutôt que de le représenter me plaît, de la même manière, j'aime les lettres jaune translucides, je trouve la couleur magnifique, le orange et noir sont intéressants, la poutrelle est un matériau fascinant pour la sculpture. C'est comme chez Canova dans son baiser du Louvre, le vide est plus intéressant que le plein. Et puis des bateaux qui dansent dans les airs, c'est effroyablement poétique.

Par contre je vais vous dire ce que je n'aime pas. Les types et les filles en jogging, le jogging est un vêtement fait pour pratiquer le sport, pas pour faire ses courses, bref, la négligence dans la tenue de manière générale, pour les filles, le jogging, c'est pire que tout, sauf volonté de rendre par une élégance certaine, les codes du hip hop chic, alors là oui, et dans ce cas là, il faut adopter les codes de Brooklyn, et y aller comme les jeunes chinoises du Louvre, et mettre de la doudoune *oversize*.

Je n'aime pas les connards, vous avez bien lu, qui conduisent sans faire attention. Qui roulent vite en ville, qui tournent sans clignotant, qui se garent en double ou triple file, j'ai dis connard, parce qu'il faut réaliser l'importance de la vie humaine. Un de mes chanteurs préférés, disait dans un concert extraordinaire, nous n'avons que nous, les uns les autres, les humains. Je ne dis pas que les règles qui régissent nos civilisations sont parfaites, je dis qu'il faut qu'on prenne soin les uns des autres, qu'après une telle pandémie mondiale, la bonté est la seule arme qu'on devrait toujours avoir sur soi. Qu'on devrait déverser tellement d'amour à la minute où l'on sort de chez soi, qu'on péterait des arcs-en-ciel pour évacuer nos mauvaises pensées, comme on le fait de notre mauvaise digestion. Et Dieu sait qu'on va être encore plus bourré de frustrations quand on va retrouver un semblant de vie humaine. Alors honorons la vie, par la délicatesse de nos attitudes et de nos apparences. Si vous êtes un punk à chien, soyez le vraiment, si vous êtes fiers de votre religion, adoptez en tous les codes, à Oman, j'ai acheté un dishdasha, en Inde je portais le lungi, à NYC, des grosses baskets Everlast, à L.A. des chemises de baseball, à Saint Trop', des Rondini. Le déguisement est un plaisir s'il entraine le bonheur de son entourage. Assumez votre personne, maintenant si vous pensez que le jogging est beau, c'est comme pour Lou Che, je peux me tromper, mais pour l'instant, comme disait mon fils de trois ans après avoir tout détesté à une expo sur la période Rose : "Mais qui aime Picasso?

34. Pourquoi deux architectes géniaux se sont associés pour nous montrer la Lune?

Il y a tant à dire qu'on ne sait par ou commencer. L'Observatoire de Nice a tout d'un bâtiment incroyable ou à peine croyable.

Déjà les architectes, Charles Garnier, à qui l'on doit les opéras de Paris et de Monte-Carlo, le casino de Monaco, sans parler de ses constructions, italiennes, stambouliotes ou allemandes. Et son idée pour l'Observatoire est dingue, puisqu'il a pris comme base, une pyramide, oui, tout simplement, cette sépulture des pharaons égyptiens, c'est pas commun une pyramide à Nice!

Charles avait aussi inventé un système de roulement sur galets, pour faire tourner la coupole, système qui a tenu jusqu'en 1969, le bâtiment ayant été débuté en 1878, ça fait presque cent ans de roulement de galets, appelez le Guiness Book des Records —la bible de mon enfance.

Déjà, une pyramide et des galets c'est énorme, et ça va le devenir encore plus.

En 1888, l'Observatoire avait la plus grande lunette du monde, avec 76 centimètres de diamètre. Alors, qui est-ce qu'à la plus grande? Je sais qu'on dit que la taille ne compte pas, mais pour décrocher la Lune, ça compte.

D'ailleurs qu'est-ce qu'on voit, ou plutôt qu'est ce qu'on observe.

Auguste Charlois a beaucoup utilisé la petite lunette de 38 centimètres —celle d'aujourd'hui est de 88 centimètres— et a découvert une centaine de planètes dans sa courte vie dont Charybde avant de tomber en Scylla, puisque le frère de sa première femme le tuera d'une balle dans le cœur pour une sombre histoire d'héritage.

Et Eiffel dans tout ça? Comme disent mes fils, que je dépose à Bellanda, et à qui je montre toujours les ruines de Cemenelum, le Regina de la Victoria et de Matisse, la Villa Génoise qui est aujourd'hui son musée et les observatoires, comme disent mes fils donc, à Nice, la Tour Eiffel est ronde.

Gustave Eiffel ingénieur, travailla sur ce chantier, de 1884 à 1887, soit juste avant la Tour Eiffel. Ou plus précisément en même temps. Gustave a en effet déposé le projet de tour le 18 septembre 1884, en rachetant les parts de la Tour de ses deux associés qui n'ont peut-être pas fait l'affaire du siècle sur ce coup là. Si Gustave n'a pas vraiment réalisé le dessin original, il a convaincu le ministre de l'Industrie Lockroy d'organiser un concours pour mettre une tour de 300 mètres pour l'exposition universelle, votée par Jules Ferry, et qui célébra le bicentenaire de la Révolution Française.

En regardant les étoiles à Nice, en grande partie sur la commune de la Trinité, on peut en venir à concevoir le monument le plus célèbre au monde. Nice est définitivement une terre de créateur.

35. Nice as-t-elle l'esprit Coubertin?

Je reconnais la question est taquine mais il faut l'admettre, s'il y a une ville obnubilée par le sport, c'est Nice. Evidemment, c'est facile, quand on est entre les sports nautiques et les sports de montagne, de se revendiquer sportive. Et pourtant à Nice, on ne fait rien comme tout le monde. On ne joue plus au tennis, on joue au paddel. On ne fait plus de ski nautique, on fait du paddle, du Stand up paddle. Oui je sais en français ça se prononce pareil, mais ça n'a rien à voir si ce n'est que dans les deux sports, il faut beaucoup se baisser.

Tout le monde court sur la promenade, qui est en plus d'être agréable, d'une distance parfaite de 10km, distance idéale pour un entrainement sérieux. Sans être un grand sportif, j'ai un semi-marathon en 2h02 à mon actif dont je ne suis pas peu fier. Terre de vélo, j'en parle ailleurs, terre de randonnée dont je suis également un fervent disciple. Au point que je peux mettre des heures à faire et défaire mon sac pour partir marcher une journée.

Au milieu de tous ces sports, il y a le sport roi, le foot. J'ai passé tous les dimanches de mon enfance à jouer —mal— au foot et ceux de mon adolescence à jouer —un peu mieux— au rugby. Ici, il y a un des vingts clubs de l'élite, l'OGC Nice.

Je ne m'intéresse plus au football depuis des années, mais avec un beau-frère lyonnais, j'ai été invité à remettre les crampons pour un dimanche matin et j'ai retrouvé le plaisir du ballon rond en me souvenant —douloureusement— de l'exigence technique et physique de ce sport. Par contre refaire le match chez Tintin au marché de la Libé, me fait penser à ma phrase préférée de Matisse : « La conversation me fait perdre mon temps. »

Et puis, j'adore aller au stade, tous les sports en live sont extraordinaires. Le Tour de France, le tennis, les courses de paddle, les matchs de paddel, on y revient; voir jouer un sportif de haut niveau est incroyable. Mais mon favori c'est le rugby, pourquoi, parce que j'aime pratiquer le sport autant que de le regarder. Plus que centenaire comme son frère football, le club vient de commencer dans l'excitante nouvelle troisième division dite Nationale, qui prouve l'amour de notre comté pour le ballon ovale.

Evidemment, terre de natation, attends, ça veut rien dire terre de natation, enfin, mer de natation non, plus, terre de natation donc, avec des médailles olympiques, européennes et mondiales comme s'il en pleuvait. J'aime à rappeler que Noah a commencé à jouer au tennis Nice, le seul champion français de Roland Garros. Roland, le pilote, a d'ailleurs réussi une traversée en aéroplane de la Méditerranée en 1913 et à l'époque c'était du sport.

Je ne peux évoquer tous les sports, ils y sont presque tous. Le plus surprenant et peut-être le plus excitant, c'est peut-être la plongée sous-marine. J'ai eu la chance d'apprendre la plongée sur la côte d'Azur et enfant, j'allais chercher des oursins, équipé d'un simple couteau de plongée et de palmes. La pêche sportive est d'ailleurs parmi les sports phares de Nice, si riche en eaux diverses pour s'y adonner.

On croit avoir fait le tour, mais il est un sport qu'on ne peut se permettre d'oublier dans le comté de Nice, le jeu de boules, *lou jo à pèd-tanca* en provençal, le jeu à pieds-plantés. Véritable passion française et plaisir simple entre amis.

P.S. : Je promets que je voulais parler d'équitation qui est une vieille passion familiale, de hand, de voile qui est le sport de la liberté et de la vitesse et de golf, le sport de mon adolescence, mais ce sera pour une autre fois.

36. Et si la révolution, ça vous barbe?

AH, ça ira, ça ira, ça ira, les aristocrates on les pendra... Tout Français connait cette ritournelle et presque tout le monde se revendique de notre révolution vieille de bientôt un quart de millénaire. Qu'en reste-t-il aujourd'hui? Il va falloir écrire un autre livre pour y répondre. Mais quelle fût la réaction de Nice à la Révolution? Comme toujours, préserver sa liberté et son indépendance, grâce notamment aux Barbets.

"Des hommes âgés dans la force de l'âge et même des femmes », c'est ainsi que le pouvoir révolutionnaire décrit ceux qui tirent leurs noms des prédicateurs Vaudois du XIIIème

siècle. Cette description me semble être la France d'aujourd'hui.

Combien d'hommes politiques vous promettent la révolution, dans tous les pays du monde? Des révolutions, je n'en connais que deux, la copernicienne « et pourtant elle tourne » et la française, qui reste le changement de régime le plus radical de l'histoire de l'humanité.

On se souvient du président qui promettait « le changement, c'est maintenant », des micro-trottoirs demandèrent ce qui changea pendant ces cinq ans, et personne ne sut répondre.

Les Barbets eux ne voulaient pas se faire imposer la révolution. On leur imposa pour deux raisons, la première, la volonté d'universalité des lois, problème éternel s'il en est. La seconde est le manque de nourriture qui força les Barbets de l'Arrière-Pays à aller se servir dans les frigidaires de l'armée révolutionnaire. Le choix était simple, tu deviens révolutionnaire et tu manges, tu gardes ton autonomie et tu crèves.

Parfois quand on vous prend tout, il ne reste d'autres solutions que la dissidence, *spoliatis arma supersunt* (à ceux qui n'ont plus rien, reste les armes) pour parler comme Emmanuel-Philibert en 1553. Afin de lutter contre ces Barbets dont on peut au moins considérer qu'ils n'étaient pas si illégitimes que cela, la nouvelle direction de la France révolutionnaire utilisa ce qui reste aujourd'hui comme le meilleur outil de discrédit, la communication. Les procès furent sanglants et on dressa des portraits atroces des Barbets condamnés. Néanmoins, dans la France du couvre-feu et du confinement —pour le bien commun—, on se dit que la dissidence, le maquis sont parfois les moyens de faire respecter ses dernières libertés.

Je sais, vous pensez que je devrais être guillotiné, mais comme dit Buchner, je préfère être guillotiné que guillotineur. A une amie qui me traitait d'anarchiste —mais on a bien traité Nietzsche d'anarchiste— je répondais que défendre ses croyances sans jamais y renoncer a tendance à être considéré de nos jours comme un signe de dissidence. La barbe avec la bien-pensance, j'aime aller à Aspremont, respirer cet air de liberté, je suis aux yeux de la cinquième *Res Publica* un homme dans la force de l'âge et j'ai épousé une femme qui publie des livres qui incitent à remettre en cause les progrès révolutionnaires. Peut-être que notre génération est celle des nouveaux Barbets?

Pour rappel, l'*archê* en grec était le commandement, aussi l'anarchiste est simplement celui qui refuse qu'on le commande. Les Barbets posent la question toujours d'actualité deux siècles plus tard, combien faut-il de commandement, de principe dans la liberté? Qui représente sa morale? Il va falloir que j'écrive un livre de philosophie sur le sujet.

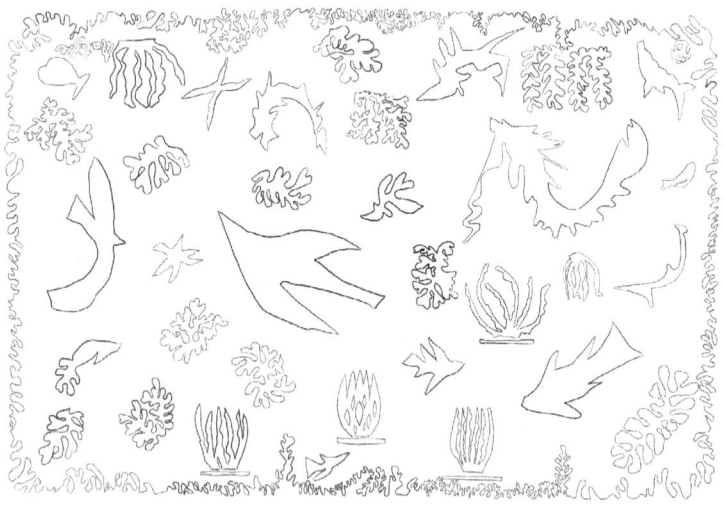

37. Peut-on écrire un poème avec les noms des immeubles niçois?

J'avoue c'est mon plaisir d'éternel promeneur, je me demande sincèrement si en une vie entière à Nice, on a fait le tour du nom des immeubles. Je dis immeuble, je devrais dire palais.

En effet, il est d'usage dans le Sud et particulièrement à Nice de désigner tout immeuble d'habitation par le nom de palai, sans s en niçois, indépendamment de sa noblesse. Et voilà comment nous habitons tous dans des palais. Héritage de l'Italien *palazzo*. Si certains sont célèbres, je voudrais commencer par ceux sur lesquels, je tombe par hasard, je crois beaucoup à la flânerie, au pouvoir de flâner, en tant que guide-conférencier, je suis un peu un professionnel de la flânerie.

En sortant de *Mare Nostrum*, un petit immeuble de l'entre-deux guerre des bas de Cimiez dans la rue du musée Chagall, je me sens comme un poète de la Rome antique. Les Romains, piètres navigateurs de bataille, inventèrent en effet les mains de fer, pour harponner les navires ennemis et paralyser les batailles navales, permettant ainsi à leurs fameuses armées de terre de gagner tous les combats. Combat toujours, on notera *Le Petit Aiglon*, *Le Ramses*, qui restent très guerrier un peu comme La Lionne. Les trois ne vous donnent-ils pas envie de courir à l'aéroport et de prendre le premier avion pour l'Egypte?

Le Saphir, toujours exotique, donne envie de pousser jusqu'en Asie et tel un Indiana Jones d'explorer des fleuves et des cavernes pour retrouver jusqu'au *Graal* s'il le faut.

On pourrait revenir dans la vieille *Europe* par *L'Alhambra*, dont il faut à tout prix aller admirer les jardins de la belle cousine andalouse. *Le Valence* permet de continuer la rêverie hispanique. *L'Hémisphère* concède de pousser jusqu'aux grands navigateurs et de nous redonner *Le Sourire*. *Le Palais de Cimiez* nous rappelle nos ancêtres de *Cemenelum*.

N'oubliez pas que *La Solitude* du *Lion* vous bercera jusqu'au soir avec son ronronnement de bête, laquelle il faudra libérer pour aller faire la fête au *Moon Light*, le nom de palais le plus funky de Nice. Bien que l'*Afterglow* reste dans mes favoris pour les palais aux noms anglais.

Il est clair que je ne suis pas *Ronsard*, un autre palais niçois, mais qu'un vrai poète arriverait surement à faire un beau texte avec ces noms. La ville pour le coup, devient un livre ouvert qui fait travailler l'imaginaire du promeneur, et ça n'a pas de prix, d'autant plus que c'est gratuit. Je n'ai plus de place dans ce chapitre pour parler des superbes palais célèbres, pas grave, j'ai soixante dix-neuf autres chapitres pour le faire.

38. Doit-on mettre le feu à la rampe?

« Le théâtre est le désordre incarné et pour faire l'éloge du théâtre il faut commencer par faire l'éloge du désordre », disait Louis Jouvet.

C'est peut-être parce que j'ai passé mon premier confinement à Crozon dans le Finistère d'où est originaire ce grand monsieur du théâtre que je pense à lui au moment d'affronter la question de la scène à Nice.

Vincent, un copain costumier, qui fait un travail fabuleux de réinsertion des petites mains, avec des personnes victimes de précarité sociale, à la chance de travailler avec Murielle Mayette-Holtz, directrice du TNN.

J'ai eu le bonheur d'être sur la scène d'une dizaine de théâtres en tant qu'humoriste et oui, on se sent un pouvoir, un devoir, une envie, des désirs, des amours, des sentiments et des sensations incroyables sur les planches.

Le TNN, théâtre national de Nice est amené à disparaître, du moins son écrin de 1989, mais le théâtre original né l'année érotique ne mourra jamais. Un théâtre c'est quelqu'un qui parle et des gens qui écoutent, je sais, j'ai la citation moins classe que Louis Jouvet.

La plus belle salle de Nice, selon moi, c'est toujours subjectif, mais là y'a pas photo, c'est l'opéra de Nice. Déjà parce que c'est là que je vais à la plage et voir une telle merveille architecturale après avoir livré son corps à la grande bleue, c'est à peine croyable, bon, d'accord, j'arrête d'être lyrique. Comment ne pas l'être devant ce temple des alexandrins, de l'italien et de l'allemand, des costumes et de la valse des décors comme des danseuses. Ce tout petit écrin du plus beau bijou de l'histoire de l'humanité, née presque avec elle, la déclamation. Si on y pense, devant les caves, les hommes préhistoriques devaient s'exprimer. Les textes de Platon étaient mis en scène à l'Académie sous forme parlée et chantée. Le Lyrisme, c'est l'homme. Je sais je retombe dans la citation.

De l'humour, de la musique, de l'opéra, de la danse, des festivals, les meilleures programmations nationales et internationales. Et oui, ça n'est pas qu'en français le théâtre, Nice a la chance d'être internationale.

Le TNN est tout de même dirigé par la première femme directrice de la Comédie-Française, ça n'est pas rien. Goldoni, Hugo, Garcia Lorca, que de noms qui font rêver. La programmation du Théâtre National de Nice est toujours de qualité. Tous les Niçois amoureux de la scène se souviennent de la direction de Jacques Weber que j'ai eu la chance de voir sur scène et de rencontrer, j'ai également vu Murielle Mayette à l'époque du Français et que dire d'Irina Brook. La metteur en scène passionnée de Brecht et de Tennessee Williams, alors oui, ça n'est pas Molière et Marivaux, mais souvent et c'est la magie du théâtre, il y a plus de lumière dans le drame, quand la comédie souligne la noirceur des âmes. Shakespeare, un autre auteur fétiche d'Irina Brook en est un bon exemple, to be or not to be, est aussi drôle qu'inquiétant. Allez au théâtre, même les marionnettes sont remisent à l'honneur sur beaucoup de grandes scènes internationales, l'immense succès des Guignols à la télé est passé par là.

Le théâtre est une des inventions les plus primitives des hommes, on le date avant la naissance de la civilisation et à ce titre, il me semble être le meilleur guide. Comme dit Giraudoux : C'est une heure d'éternité, l'heure théâtrale!

39. C'est quoi un véritable Niçois?

Un copain scientifique me disait un jour qu'on l'interrogeait à la douane, de simples questions de routine; qu'on l'interrogeait donc sur son origine. Mon ami, étant taquin, répondit : quelle origine? celle de mes parents? de mes grand-parents? de leurs parents avant eux? et ainsi de suite jusqu'au Big-Bang. Je vais tenter cet exercice pour l'origine des Niçois.

Il faudrait écrire une histoire de Nice pour les Nuls, et un jour si j'ai le temps, je promets je m'y mets. Pour l'instant, je vais tenter de démêler toute cette histoire.

Repartons rapidement depuis le début. Les hommes arrivent, ils frottent les galets du Paillon, Tiens, Jeannot, viens voir, du feu?

Ouah, le seum?

Bon d'accord, je ne suis pas très fort en dialogue paléolithique des cavernes.

C'était il y a 400.000 ans, on avance. Après ce sont les Grecs, en passant par marseille, d'où l'origine un peu phocéenne de la ville de Nikaia. Les documents confirment que les Ioniens de Phocée, arrivèrent à Massalia en 594 avant Jésus-Christ. Les Massalietes très vites créent des comptoirs et Nice a donc au moins vingt-cinq siècles.

Trop facile, l'origine de Nice, si on s'en tient à cette histoire!

Oui, mais Nikaia n'est pas sortie de terre comme ça. Il faut compter sur les Ligures, les quoi, les Liguses comme les nommaient aussi l'historien Hécatée de Millet. Ces —peut-être— Vikings du Caucase, bien qu'ils puissent également être Scandinaves, étaient en tous cas pour Caton l'Ancien des Illiterati. A défaut d'être des lettrés, ils étaient artistes puisqu'ils nous ont laissé des milliers de gravures rupestres dans la vallée des merveilles, de Fontanalba, de Valaureta, et dans les bassins de la Vésubie et de la Roya.

On ne cesse de faire des découvertes sur nos ancêtres celto-ligures, oui, vous avez bien lu, des Bretons comme ancêtres. Et même plus, puisqu'à Cimiez, il y avait des Ligures védiantiens, qui figurent —oui, j'aime dire des ligures qui figurent— sur la table de Peutinger, cette vieille carte des routes romaines si riche en information sur notre pays.

De Vintimille il faut compter avec les Intemeliens, des Ligures italiens plus côtiers qu'alpin pour résumer. De Vence ou de Cagnes, se sont les Oxybiens, qui attaquèrent Massalia comme nous l'apprend Polybe et vinrent jusqu'à Nice. Les Décéates —ou Déciates— sont eux plutôt de Biot et de la Siagne, venus de la Gaule Narbonnaise, on les considère plutôt Celto-ligures. Bref, tous ces peuples qui se mêlent et s'affrontent, c'est ainsi que nait la civilisation niçoise ou du moins son peuple.

La première civilisation vraiment établie est grecque, c'est un petit comptoir, dont le port est à Villefranche, Nice ne se dotera que tardivement du port Lympia.

Toutes ces peuplades, on l'imagine aisément, ne vivent pas vraiment en paix et moins encore dans la paix de Rome —la fameuse Pax Romana. Jusqu'à ce qu'Octave impose l'ordre symbolisé par le Trophée des Alpes à la Turbie qui lui doit son nom. Tropea, Torpea, Torbea, Torbia et la Turbie.

On peut y lire :

HUM JUSQUE ITALIA ABHINC GALLIA, jusqu'ici l'Italie et à partir de là, la Gaule.

Au moins, c'est clair. Non?

40. Quel rapport entre Niki de Saint Phalle et le carnaval?

Réponse : aucun.

Déjà quand j'écrivais *Trouver son Bonheur au Louvre* la question des femmes s'est vite posée. Et moi les femmes que je préfère, ce sont les artistes. Cela dit, les hommes aussi. Niki de Saint Phalle, petit rappel, est visible à Nice, tous les jours, gratuitement devant un palace, le Negresco. On dit que les grands hôtels coûtent chers mais celui-là vous offre un musée gratuit, et si vous rentrez toujours gratuitement, j'y ai même tourné une vidéo (illégalement) vous verrez des œuvres dignes des plus grands musées. Je ne fais pas l'éloge de l'illégalité, mais Niki et son Mari Jean Tinguely ont bien construit un cyclope illégal en forêt de Milly, qui est aujourd'hui protégé par l'état, en gros, si l'inspiration est là, c'est que c'est légal. Son Miles Davis, assez (mais pas totalement) représentatif de son travail sur les Nanas est un bonheur de nouveau réaliste, sa famille artistique, dans laquelle on compte Arman et César, entre autres.

Ces nanas bien en chair me permettent de vous rappeler l'origine du mot carnaval, carne levare, enlever de la viande, soit si on remet l'église au milieu du village, le carême. L'origine des carnavals date des premières civilisations et se situerait à Babylone. Il serait un rite de passage de l'hiver au printemps pour bénir cette période essentielle au bien être de nos civilisations. Une privation spirituelle au moins autant que pratique de Rio à Venise pour célébrer la sortie de l'hiver.

Le carnaval de Nice est moins connu certes et pourtant il est aussi international et surtout il est énormément célébré.

Il génère 30 millions de revenus et fait travailler des milliers de personnes.

Et puis qui n'aime pas se déguiser?

Le lecteur : Au fait, pourquoi se déguiser durant le carnaval?

La tradition ici, encore se perd dans les âges, mais ce qui est certain, c'est que cette fête des fous, une fête un peu païenne, avait pour idée de donner le pouvoir à tous d'être qui ils voulaient, d'où les innombrables parures de rois et de reines ou de personnages puissants, qui semble être le fantasme commun.

Le lecteur : Ah, c'est pour ça qu'on brûle Monsieur Carnaval à la fin?

Officiellement, non, mais c'est une bonne question. Symboliquement, on brûle l'hiver pour laisser la place au printemps. Ces fêtes des fous avaient une puissance énorme dans l'Italie de la Renaissance et plus encore au Moyen-âge en France. À Nice, sa plus vieille trace écrite date de Charles d'Anjou dans un écrit de 1294, il y évoque « les jours joyeux de Carnaval ». Les princes étaient donc heureux d'être moqués.

Le lecteur : Aujourd'hui, ils n'aiment pas trop qu'on se moque d'eux, non?

Question dangereuse s'il en est et en tant qu'humoriste je me dois de t'inviter, Ô mon lecteur, à te rendre dans les cafés-théâtres pour voir les humoristes qui répondront mieux que personne à cette question.

Le lecteur : Tu ne serais pas un peu trouillard comme auteur?

L'auteur : Prudent, on dit prudent.

Le lecteur : Et les fleurs dans tout ça?

Voilà, les fleurs, c'est une question politiquement correcte. Les batailles de fleurs seraient nées à la fin du XIXème siècle, aujourd'hui les chars lancent jusqu'à cent mille fleurs.

Après avoir longtemps —enfant— redouté ces regroupement de foule, j'avoue aujourd'hui aimer cette frénésie populaire que je trouve toujours agréable, que ce soit pour célébrer, le football, le carnaval ou qui sait un jour peut-être la fin du coronavirus.

41. Mais qui a la plus grosse?

Oui, je sais, c'est un peu racoleur comme titre de chapitre et si ce livre se vend bien, c'est à dire par dizaines de millions, ce sera peut-être moi, puisque j'achèterais la villa du Mont Boron, dite « petit chateau à rénover » que j'ai vu passer pour un peu moins de dix millions d'euros.

Je ne suis pas le seul à aimer le Mont Boron, puisque la plus grosse propriété revient à Elton John avec sa villa jaune des années vingt —1920, il faut préciser maintenant—, son énorme piscine ainsi que son jardin à la française, shocking pour la plus British des Pop stars.

Je ne suis pas un fan des énormes buildings, mais puisque je parle du Plongeoir dans ce livre, je ne peux que répéter le génie de l'ingénieur René Livieri qui avait déjà travaillé à la rénovation d'un gros monument de Nice : Le Plaza. Je ne cesse de m'émerveiller de sa façade de cent-quarante mètres carrés, pour 12.000 m² de surface. La dernière rénovation est censé le rendre encore plus beau, sans toucher bien sûr à l'élégance de cette partie de 1850. J'ai hâte d'aller y prendre un café... et un cognac.

Retour chez les célébrités, bien qu'on n'ait peu de doutes sur les dizaines de stars qui devraient descendre au Plaza une fois sa rénovation terminée.

Il faut quitter un peu Nice, mais ça reste dans l'esprit, avec le chateau de Miraval dans le Var, la fameuse demeure d'un temps le couple le plus glamour de la récente histoire du cinéma du XXIème siècle, Brad Pitt et Angelina Jolie, Brangelina, il reste le vin, comme dit la sagesse populaire, peu importe le flacon, pourvu qu'on ait l'ivresse. Ici, l'ivresse aura eu raison du domaine vinicole.

J'aime aussi à Villefranche la petite bicoque de pêcheur de Tina Turner, mais non, je plaisante, c'est énorme, à l'image de la Queen of rock'n'roll, mais également princesse de la pop, impératrice du funk et déesse de la soul, bref, comme sa villa c'est éblouissant.

Une vue sur la baie de Nice et la presqu'île de Villefranche, petit détail people, elle aurait également un autel bouddhique, de quoi rester zen.

Les *people* m'intéressent assez peu, malheureusement, et j'ai connu un photographe qui se cachait dans le aéroports pour prendre des clichés de stars au sortir de l'avion, il a vécu ainsi pendant des années, en dormant dans des endroits improbables, après tout, pourquoi pas?

Ironie de l'histoire le plus gros building de tous les temps à Nice, c'était le chateau, il n'a pas survécu, comme quoi la taille peut-être relative, dit la fourmi.

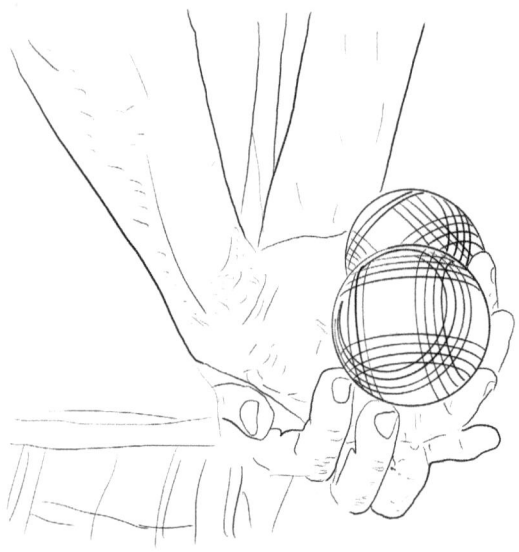

42. Qui fait la meilleure glace?

Voilà bien une question à la con à traiter dans un livre, pourquoi pas parler de l'actualité du virus, des prochaines municipales ou du cours de la bourse.

Et pourtant, avoir l'ambition d'écrire un livre sur Nice sans parler de glace, c'est un peu comme de parler de restauration sans Henri Gault et sans Christian Millau, de parler de peinture sans Léonard de Vinci, de Formule 1 sans Prost, de cyclisme sans Bernard Hinault même si moi mon héros c'était Laurent Fignon, les lunettes et la queue de cheval, c'était plus simple pour m'identifier.

Toutes ces personnalités étaient d'ailleurs selon leurs mères de grands amateurs de glace dans leur enfance. Non, je n'en sais rien bien sûr, mais quels enfants n'aiment pas la glace?

Ayant la chance d'avoir deux petits gouteurs moi-même, je ne me lasse pas de la joie absolue qui envahit leurs petites papilles à l'approche même de ces noms mythiques de Fenocchio, Néron, Arlequin, César, oui c'est surtout des clowns et des empereurs les noms de glaciers.

Et puis la glace est éternelle, oui, je sais pas dans le cornet, qui va vite vous en mettre plein les doigts non, je parle de la recette.

Depuis quand fait-on des glaces? Et puis ça vient d'où la glace?

Et là, je me marre, puisque ça vient du même endroit que la pizza, c'est à dire de Chine.

Vers le deuxième siècle avant Jésus-Christ, Jésus qui adorait les glaces à la pistache, en tout cas, c'était une spécialité de sa région, un commerçant plongeait ses boissons dans des cuves d'eau salée. Une nuit très froide survint, il y ajouta du lait du chèvre et du miel.

Les arabes au contraire plongeaient les fruits en jus dans la glace créant ainsi les *Sharbets*, connus aujourd'hui sous le nom de sorbet et qui chaque été entraine l'éternel dilemme, Sorbet ou Glace?

Le sorbet rafraichit, est mieux pour la ligne, mais la glace est tellement bonne. J'aime le sorbet chocolat, que je recommande à ceux qui comme moi aiment bien avoir le cul entre deux chaises.

Les Macédoniens qui ne mangeaient pas que de la Macédoine, bon, ok, elle est nulle, je sors. Même si la salade que nous nommons ainsi est nommée salade française dans les Balkans, mais j'aime le fait que ce peuple si divers dans ses ethnies —les ethnies sont la richesse cachée des peuples— ait donné une expression qui désigne, les salades, la taille, les vitraux en architecture et j'en passe. Alexandre le Grand, qui était petit de taille et Macédonien de naissance, faisait — façon de parler, il est mort à 32 ans et il a construit un empire, il n'avait pas le temps de cuisiner j'imagine —des macédoines de fruits avec du miel, jusque là super chinois, qu'il recouvrait de vin et de neige, ça donne carrément envie d'aller skier ou d'envahir le monde, selon votre pointure de pompes de ski.

Néron qui n'était pas malade que de réputation, faisait venir de la neige des Apennins. Les Italiens ont du perdre la recette, puisque Marco Polo aurait du la rapporter de Chine et c'est ainsi que Catherine de Médicis en épousant Henri II l'emporta en France. Marie-Antoinette, nous a bien importé le croissant, que le monde entier croit français quand il est autrichien, merci qui, merci, les reines italiennes et autrichiennes, les marchands chinois, les empereurs romains alcooliques et poètes, les Macédoniens fans, comme moi, d'une bonne petite glace au pied de ma tente, avec le monde à mes pieds.

43. Nice, c'est en Provence ou sur la Côte d'Azur?

Si vous dites à un Niçois qu'il est en Provence, il ne va pas aimer du tout, il est sur la Côte d'Azur.

Cette expression Côte d'Azur date du XIXème siècle —elle est de Stephen Liégeard— et remplace Riviera. Cet homme haut en couleur inspira jusqu'à un personnage des Lettres de Mon Moulin de Daudet qui venait de Draveil où j'ai passé mon enfance, le Monde est tout petit, à moins que ce ne soit sans aucun rapport.

Côte d'azur, la côte, je veux bien. La Côte, c'est la partie d'un continent ou d'une île qui borde la mer, c'est le rivage.

J'aimais bien Riviera, mais ça allait du Var, jusqu'à La Spezia, près de Carrare d'où Michel-Ange tenait son marbre, ça explique peut-être le David sur la coulée verte, mais c'est une autre question de *Trouver son bonheur à Nice*.

Les Italiens ont gardé la Riviera ligure et nous sommes passé à la Côte d'Azur.

D'accord, mais c'est quoi l'azur? ça sonne compliqué, et pour cause.

C'est de l'arabe *al-lazward* ou du persan *lazhward* et ça veut dire bleu apparement en référence au lapiz lazuli, qui est cette pierre utilisée depuis l'origine des civilisations, jusqu'à la fameuse erreur des fours à soude de Saint-Gobain qui va produire du lapiz par hasard, lequel hasard va faire la carrière d'Yves Klein, tiens, encore un Niçois mais on y reviendra.

Au lieu de parler tous azimuts, un autre mot arabe dont on ne connait pas l'origine, j'aime quand les mots ont perdu leur origine, ça leur donne de la grandeur et un paquet de mystère, mon préféré, c'est littérature, mais on en parlera dans l'article littérature niçoise.

Là on essaye de comprendre ce qu'est la Côte d'Azur, c'est donc un lien entre la terre et la mer qui fait penser par métonymie, vraiment métonymie?, y'a pas plus simple pour définir, un de mes professeurs, Alain Vircondelet, qui écrira pas mal sur Picasso et la Côte d'Azur d'ailleurs, était toujours stupéfait qu'un sondage démontre que 70% des Français choisiraient un dico pour partir sur une île déserte, et il ajoutait, il n'y pas plus ennuyeux que le dictionnaire à lire quand même. Et un dico, il a raison, c'est surtout un livre qui pour définir un mot vous renvoie vers un autre mot.

La métonymie, cela dit, c'est simple, c'est quand on utilise l'*onuma*, le mot en grec, autour du mot, *meta* toujours en grec, et grâce à la technologie moderne, on l'utilise presque tous tous le jours avec l'expression, je n'ai plus de batterie, pour dire que notre portable est à plat, portable étant ici, une autre métonymie.

La Côte d'Azur, c'est donc ce qui relie le ciel à la terre, du moins c'est ce qu'en disait Matisse, et quand il s'agit de parler de Nice, on peut lui faire confiance.

Et c'est vraiment le sentiment qu'on a ici, un pied dans l'eau et la tête dans les étoiles, ce qu'on peut vérifier dans la question sur l'Observatoire de Garnier et Eiffel.

Et pour terminer sur ce rapport au lapiz lazuli, qu'utilisaient les peintres primitifs niçois, il se vendait à la Renaissance, plus cher que l'or, et les Égyptiens, l'associaient avec l'or, dont le fameux masque de Toutânkhamon pour signifier la préciosité et le lien aux dieux. L'or étant pour les Égyptiens, des bouts de Soleil tombés sur la Terre.

Ainsi, la Côte d'Azur; c'est le lien, entre le bleu outremer, nom du pigment tiré du lapiz lazuli et le Soleil, ce bout de divinité tombé sur la terre, et s'il est un endroit où le soleil est tombé dans le monde, c'est bien à Nice, Côte d'Azur.

Historiquement, le comté de Nice était bien en Provence, jusqu'en 1388 avant de rejoindre les états de Savoie et ne devient français qu'en 1860.

44. Pourquoi n'y avait-il pas de port à Nice?

Si Nikaia (ou Nikaïa) était un comptoir pour nos ancêtres les Grecs, une chose est sûre, il n'y avait pas de port à Nice. Le premier date du XIXème siècle, on y reviendra. Et du coup, ils faisaient comment les Ioniens?

Villefranche-sur-Mer offrait une rade si naturelle, entourée de la pointe de Nice et de Saint-Jean-Cap-Ferrat, qu'il était naturel d'utiliser cette darse presque déjà construite.

La plus vieille trace du port se nomme Olivula, joli nom qu'on a retrouvé dans l'itinéraire maritime d'Antonin —*Itinerarium Antonini Augusti* pour les latinistes— du IIIème siècle de notre ère, sous l'empereur Dioclétien pour les amateurs d'Histoire romaine. Cette liste, contrairement à la table de Peutinger, véritable cartographie, qu'on date entre le Premier siècle avant notre ère et le IVème siècle après Jésus-Christ. Ce fascinant itinéraire qui parcoure pas moins de 85.000 kilomètres de l'Empire Romain nous apprend l'existence du port Olivula dont nous n'avons à ce jours pas de trace scientifique. Alors, gros mythomanes les Romains? Peu probable, tant l'exactitude du document est juste dans ses moindres itinéraires.

Les pirates, s'y installant au Moyen-âge, forcent Charles II d'Anjou, comte de Provence et neveu de Saint-Louis, à fonder une Villa Franca en 1295.

Le port de Villefranche est célèbre pour avoir accueilli les Hospitaliers de l'Ordre de Saint-Jean de Jérusalem, pour avoir baigné contre son Gré l'empereur Charles Quint et la Reine de France, sa sœur, Eléonore de Habsbourg, une passerelle ayant cédé sans gravité mais quel humour pour ces personnages si apprêtés, on aurait aimé y être.

La grande réussite de Villefranche est la création de la darse, en 1539. Darse, de l'arabe, Dar as Sina —que les linguistes pardonnent ma phonétique simplifiée— atelier, lequel mot donnera également arsenal.

Pourquoi, cette darse construite avec des pierres de la Turbie est-elle un coup de génie? Parce qu'en 1543, Barberousse arrive avec ses cent trente galères turques. Si l'on sait que le coup porté fut terrible, Nice, résista, en grande partie grâce à la darse.

Avec un lazaret, l'endroit où l'on mettait en quarantaine et dont il reste la tour Paganini; des pirates qui reviennent au XVIIIème siècle, l'hopital des galériens, la corderie pour les gréements qui fait la légende de la mer, et le port de Villefranche est depuis longtemps entré dans l'Histoire de la Méditerranée, c'est à dire un des endroits les plus incroyables du Monde.

Villefranche est rattachée à la France à la Révolution française, avant d'être à nouveau perdue à l'Empire et reprise par le Second Empire. On ne s'ennuie pas à Villefranche.

Port Lympia, du nom de la source Lympia n'est envisagé qu'au XVIIIème siècle et ne verra le jour qu'au milieu du XIXème siècle.

Ce modeste port, doublé du petit port de Carras à l'aéroport, tient son charme de ses pointus et de son marché aux poissons. Son sublime, lui, revient à Notre-Dame-du-Port entourée d'immeubles symétriques sur portiques. Cette église ne fut pas arrangée à la fin du XIXème siècle avec l'ajout des colonnes ioniques, joli rappel de nos ancêtres les Ioniens (les Grecs, quoi).

L'accès en tram souterrain me semble un tour de force du génie civile absolument remarquable, qui donne envie d'aller y siroter une limonade au café du cycliste, ou un remontant plus sérieux à la Mouette rieuse.

45. Messire, un Sarrasin! Un sarrasin, maraud?

J'emprunte aux *Visiteurs*, ce mot de sarrasin pour parler des adeptes de la religion la plus controversée du moment en Occident et pourtant de celle qui est en train de faire le plus d'adeptes. La religion, c'est comme tout ce qu'est hype, au moment où on te dit que c'est fini, c'est que c'est en train de faire son come-back. On est parti pour un tour de Nissa la Maure, la musulmane, la mauresque, l'arabe, la maghrébine, la mahométane, l'ismaélite et mon préféré en dernier l'agarène, allez avouez, vous ne le connaissiez pas celui-là.

On n'est pas là pour parler des problèmes de société, des kebabs halal, des appels à la prière par hauts-parleurs dans le quartier Roquebillière ou du maillot de bain le plus controversé depuis l'invention du string, le burkini. On est là pour parler d'art et d'architecture, et pas pour discutailler du pourcentage de Musulmans à Nice, six pour cent, exactement la moyenne nationale selon l'IFOP.

Je commençais un spectacle, en hurlant sur scène que j'étais « humoriste raciste, parce que c'était plus facile pour trouver du travail », à la fin du spectacle, des jeunes musulmans sont venus me trouver pour me remercier de parler d'eux avec humour. J'écris tout ce que je pense et la pensée raciale est d'une telle complexité qu'il faut lire Fanon et ses disciples pour connaître le sujet. Une autre inspiration est pour moi, mes années indiennes, et Vivekananda, grand penseur du dix-neuvième siècle, qui à Chicago se voyait refuser l'entrée de certains lieux parce qu'on pensait qu'il était noir. Des amis de la communauté afro-américaine lui disaient, pourquoi ne dis-tu pas que tu es Indien? Sa réponse est magnifique et colle parfaitement à ma pensée : « Je ne suis pas sur cette terre pour être supérieur aux autres hommes. »

Un peu de pensée religieuse ne fait pas de mal, après soyez libre de penser, de prier, de manger, de vous habiller et surtout de croire comme bon vous chante. Sans transition, on part à l'Alhambra.

Comme toujours en architecture, en parler, c'est déjà l'aimer. L'Alhambra de Cimiez c'est les moucharabiehs que tout le monde connait, qui permettent de voir sans être vu, génie amoureux de l'Orient. Les minarets à bulbes eux sont biens visibles de la rue, et montrent quelques signes de faiblesse, cet hôtel compte aussi des arcs outrepassés, un décor raffiné de mouqarnas (motifs en nids d'abeilles) et des pointes de diamants.

Mais qui sont les dingues qui ont fait érigé un tel monument?

Une riche héritière d'une des plus vieilles familles aristocratiques du Languedoc Gabrielle de Pierre de Bernis et un architecte purement niçois, Jules Sioly.

Bon, c'est bien beau tout ça, mais pourquoi un délire digne du califat de Cordoue? Pourquoi vouloir être calife à la place du calife comme dit Iznogoud?

La mode, mes amis, tout simplement, depuis l'origine de l'humanité, les humains suivent les modes aveuglément. Des premiers Sumériens, aux très chics Égyptiens, de Paris à Londres, puis de New York à New Delhi, la mode est la véritable divinité des arts. Oui, mais les modes changent? Et c'est pourquoi on sacralise et on divinise les créateurs à tours de bras de leur vivant.

Comme disait le grand Gustave Flaubert: « Mahomet buvait sec et buvait frais. »

46. Pourquoi faut il nommer son bateau?

L'auteur : Homme, toujours tu chériras...

Le lecteur : Oh, ça va, on connaît, tu chériras la mer. Si c'est pour écrire un bouquin et dire les mêmes âneries que tout le monde.

L'auteur : C'est de Baudelaire quand même.

Mais vous avez raison, je crois que les mecs qui parlent le mieux de la mer, c'est les marins. Sauf que les marins, la plupart, ils ne parlent pas beaucoup. Du coup, on fait quoi, on ferme sa gueule? C'est pas mon style, alors la mer, j'en parle.

Et pas n'importe quelle mer, la mer blanche des Turcs qui en ont beaucoup des mers, la mer du milieu des terres des Hébreux, des Serbes, des Berbères et des Arméniens, *Mare Nostrum* pour nos ancêtres les Romains, la mer blanche du milieu pour les Arabes et Méditerranée à une époque centre du monde.

Celle qui reste donc au milieu des terres, cette grande mer, que la terre a décidé de garder pour elle-même comme un précieux bijou a façonné tellement de civilisations. On le sent en Turquie, ce pays entre quatre continents. On le sent à Beyrouth, à Barcelone, à Marseille où enfant, j'allais relever des caisses de crustacés avec un ami de mon père. À Venise dans sa partie adriatique, on voit encore l'esquisse qui s'efface de l'histoire commerciale du globe tout entier. À Alexandrie où j'allais feuilleter des livres dans la toute nouvelle bibliothèque, je me sentais comme dans un film de Youssef Chahine, cherchant à protéger des livres. A Tanger, dans une belle villa blanche, à faire griller des poissons, en lisant des poètes de la Beat Generation, c'est déjà l'océan et pourtant on ne peut s'empêcher d'avoir nos yeux sur les bateaux incessants, tous plus gros les uns que les autres qui font vivre le monde de notre Méditerranée. À Rabat dans l'enfance j'appréciais encore, le génie culinaire et humoristique des Marocains et de leur mer qu'ils arrivent à mettre toute entière dans leurs tajines. À Saint-Tropez, dans le petit optimiste de mes premiers pas de marins, dans ma première combinaison de plongeur à Cavalaire, qu'on m'excuse ces accès de nostalgie mais je réalise à l'instant que j'ai passé ma vie autour de cette *Mare Nostrum* et ironie du sort, c'est le nom de l'immeuble où j'écris ce livre.

Le lecteur : Et sinon, jamais tu ne réponds à la question, pourquoi il faut nommer son bateau ?

L'auteur : Avec plaisir.

La mer est une école de patience, un copain, Nath, qui fabrique des bateaux à Pondicherry où j'ai eu la chance de vivre me rappelait qu'il n'y avait pas besoin de permis pour naviguer sur un voilier, qu'on pouvait du jour au lendemain, monter sur un bateau et faire le tour du monde, j'exagère mais Mike Horn l'a fait, sans notion de nautisme, alors que moi j'ai déjà fait de l'optimiste à Saint-Trop', chacun sa légende.

Je ne devrais pas trop rigoler de la mer, et adopter l'attitude des véritables marins, l'aborder avec respect.

Déjà la loi impose de nommer son bateau, mais surtout la légende dit que renommer un bateau peut porter malheur. De même, prononcer le mot de lapin à bord serait déconseillé car à l'origine de la navigation, des lapins s'échappaient de leurs cages et rongeaient le calfeutrage, on imagine les dégâts.

Si vous partez sur un bateau fraichement acquis ou renommé, recoupez trois fois votre sillage dans le doute, il parait que ça conjure le mauvais sort.

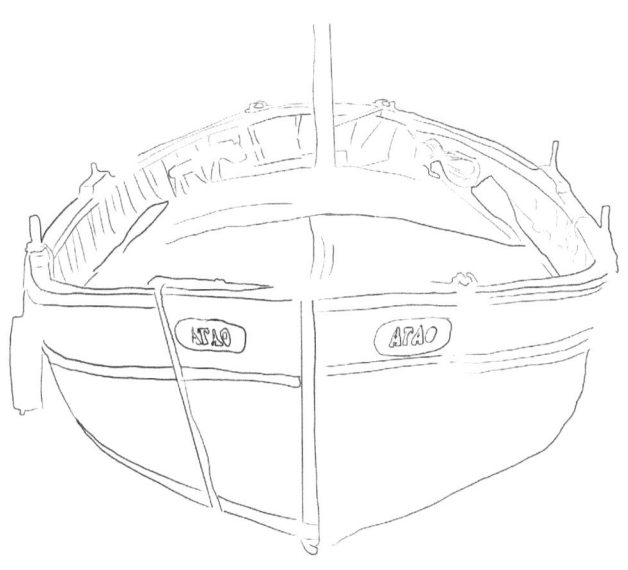

47. Pourquoi devrait-on vivre dans un opéra?

Figaro qua, Figaro là

Figaro qua, Figaro là

Figaro su, Figaro giù

Figaro su, Figaro giù

Tout le monde a entendu une fois dans sa vie, les fameuses paroles du Barbier de Séville de Rossini. Non? Si, car c'est utilisé dans un nombre incalculable de films et de dessins animés.

Vous n'êtes pas fan d'Opéra, c'est vrai que c'est un monde d'initiés et pourtant, qui n'a jamais chanté sous sa douche, qui ne connaît pas Pavarotti, Jessye Norman ou Maria Callas. Et si Maria Callas n'a jamais chanté à l'Opéra niçois, Pavarotti y a interprété La Bohème, Placido Domingo Samson et Dalila, Barbara Hendricks y est apparue dans Eugène Onéguine et Rolando Villazon dans Werther.

Charles Garnier y fait construire par son disciple François Aune une de ses plus belles réalisations, avec sa fameuse salle en fer à cheval.

Pour répondre à la question, l'Opéra est plus ancien que le Second Empire mais celui d'avant est parti dans les flammes.

On joue Donizetti, l'inoubliable créateur d'*Una furtive lagrima*, le plus bel air de l'histoire de l'opéra, si ça ne vous arrache pas une larme, vous êtes sans cœur. Arrêtez tout et partez à pied sur les bords du Gange pour quelques années de méditation ou tout simplement inscrivez-vous au Conservatoire niçois, Pierre Cochereau, du nom du célèbre organiste et devenez organiste vous même. Imaginez l'effet dans un diner:

« Je suis organiste », ça vous pose un humain, autant dire « je parle directement à Dieu et à ses saints. »

Bianca la grande cantatrice interprète donc Gaetano Donizetti d'après Walter Scott, lisez ce grand romantique anglais, c'était un des auteurs préférés de Marcel Proust.

Une fuite de gaz et le bijou du Turinois Brunati, qui ressemblait à La Fenice de Venise, part en fumée, son fond de scène en verre —neuf mètres de haut— qui donnait sur la mer disparaissait en emportant soixante-trois spectateurs coincés dans les poulaillers.

Toujours l'humain trouve les ressources pour reconstruire. La reconstruction d'Aune est éclectique, j'adore ce mot grec qui signifie que l'architecte picore des styles selon son inspiration. Ça me fait penser à Marcel Duchamp, qui se ventait de changer de style de peinture six fois dans la même année.

Ici, se sont cinq travées séparées de colonnes corinthiennes qui s'entourent de pavillons, au milieu les muses Euterpe, Melpomène, Thalie, Terpsichore —qu'on ne présente plus— viennent inspirer les artistes. La façade côté Prom', néo-classique, est selon moi, plus brillante encore par sa sobriété, et en plus on peut la contempler de sa serviette de plage.

Astuce, piquez une tête, nagez un peu, retournez-vous, vous regardez à n'en pas douter le plus beau point de vue sur la ville.

Rotonde, pavillons, chapiteaux, aller à l'Opéra est à l'image de l'amour, la moitié du plaisir c'est d'en parler, ou comme le disait le poète Gérard de Nerval plus élégamment, « le meilleur moment dans l'amour, c'est quand on monte l'escalier. »

48. La meilleure saison, c'est l'été ou l'hiver?

Vanille ou chocolat, dessert ou café, la mer ou la montagne, théâtre ou terrasse, la vie n'est qu'une longue série de choix cornéliens. Le plaisir c'est la mer, oui, mais l'été il fait trop chaud entend-on dire à Nice. Personnellement, plus il fait chaud, plus je suis heureux. À midi, sur la plage en plein soleil, je suis le blondin le plus souriant et le plus bronzé du monde. Oui mais l'hiver, on ne peut pas se baigner, c'est moins vrai, puisqu'on se baigne vraiment facilement, jusqu'à fin octobre, vraiment sans effort, et c'est un type qui a passé beaucoup d'hivers à Goa qui parle, où l'eau est plus chaude que l'air.

Le vrai Niçois dit la légende se baigne toute l'année, et il n'est pas de jour sans baigneurs, c'est correct, mais le plus souvent, on peut les compter sur les doigts.

Nice est d'abord réputée pour son hiver, ni trop froid, ni trop pluvieux et avec le plus bel ensoleillement de l'hexagone. Un jour de pluie hardcore ici ou là, mais pareil, on compte sur les doigts d'une main.

Moi qui ait pour mission de traverser cette vie en touriste, je passe neuf à dix mois de l'année en bermuda. Le premier mars, je range mes pantalons à la cave et je les ressors à noël. Mes copains locaux se foutent de ma gueule, mais ma liberté, c'est la jambe nue, et puis je suis à vélo tous les jours, je n'ai pas le luxe d'avoir froid.

On déjeune en t-shirt en février ici. La Reine Victoria le faisait bien. Bon, je ne suis pas sûr qu'elle était en t-Shirt, mais l'hiver c'était Nice et le Régina. La ville est façonnée par ces magnifiques hôtels de luxe, aujourd'hui devenus résidences, qui rappellent les prestigieux hivers avec sa clientèle internationale. Des Américains, avec les Fitzfegarld, de la cour d'Angleterre, de Suède, du Danemark apprécient que la Méditerranée amortisse thermiquement les variations de températures. Le relief de l'Arrière-Pays garde les conditions alpines qui permettent d'aller skier sur un coup de tête.

Un singe en hiver, le film avec Gabin et Belmondo, n'a rien à voir avec la venue de la reine en hiver à Nice, il faut le savoir. Je dis ça parce que le mot de climatisme est aussi imbuvable que la cuite que se collent les deux personnages du film de Verneuil et qu'on sait que Victoria qui vécût cent-un ans, s'enfilait pas moins de soixante-dix verres par semaine. Finalement, j'ai trouvé un rapport, la boisson. La Normandie, du film aux répliques cultes, correspond bien à celui de l'Angleterre et voilà pourquoi les Anglais rappliquent tous ici en hiver. Le climatisme, c'est repos, ensoleillement, nourriture abondante et visiblement deux ou trois rince-gosiers pour tasser. Je ne peux m'empêcher de citer Audiard —scénariste d'un singe en hiver— par la bouche de Gabin : « Dis-toi bien que si quelque chose devait me manquer, ce ne serait plus le vin, ce serait l'ivresse ! »

2694 heures de soleil par an, sur 8848 heures, faites le calcul, c'est énorme, ajoutez à cela une température de seize degrés Celsius, il y a forcément un moment où il va falloir remettre des glaçons dans sa Piscine.

Santé!

49. Et si je tombe amoureux de la petite reine?

Je pourrais parler de vélo pendant des heures, j'en ai quatre. Jeune journaliste, j'étais corrigé par mon patron, pour la phrase « la foule applaudit la police ». Il me dit, j'ai jamais vu une foule applaudir les Fdp. Et bien cette fois, j'applaudis la Fdp qui fait respecter la vitesse des vélos quand c'est partagé avec les piétons. Suis-je devenu fou, non. Je souhaite une ville qui se partage entre voitures, vélos et piétons, et surtout, trottinettes, skates, monoroues, et j'en passe.

J'ai même vu un monsieur d'un certain âge sur un vélo de course à trois roues. Comme quoi quand on est passionné, on peut continuer le vélo.

L'électrique permet de prolonger ce sport extraordinaire. Le tour de France était à Nice il y a peu, bon, il pleuvait des cordes et presque tout le peloton est tombé, mais quand même. Plusieurs fois par semaine, je peux me confronter aux champions en refaisant le match.

Dans l'article sur les bagnoles, je dis déjà que c'est au départ quelques copains cyclistes qui vont au café des Victoires, entre bières et cafés, créer le Vélo club de Nice qui deviendra l'Automobile club de Nice, qui deviendra l'Aviation Club de Nice, qui créera l'aéroport avec la plus belle vue du monde, c'est pas moi qui le dit, l'aéroport a gagné un concours sur le sujet. Comme quoi, avec deux petites roues, on peut même voler!

Je m'emballe, oui, je m'emballe si je veux, cela dit l'emballement en vélo amateur n'est pas conseillé, ce sport de tâcheron. J'aime sa rigueur et ici, il y en a pour tous les goûts. Envie d'aller voir un tableau de Nicolas de Staël, je saute sur mon vélo pliable anglais Brompton et une heure plus tard —les bons jours—, je suis à Antibes. Si je suis fatigué, je rentre en train, en bus, et même en stop. Envie de montagne, je monte sur mon Gravel bike et à moi les chemins forestiers. Vous êtes un pur routier, qu'à cela ne tienne, le mont Boron vous tends les bras, ça chauffe un peu les mollets mais la vue vaut le détour. Vous croiserez peut-être Gérard Holtz, présentateur mythique du Tour, qui habite maintenant dans mon quartier.

Vous êtes soûlé d'être à Nice et vous avez tout vu et tout fait. Il reste l'Italie, il reste la Provence, vous êtes le plus fort du monde, comme dit mon fils de quatre ans, qui fait ses premiers tours de roue, alors le géant de Provence est pour vous, le Ventoux est à un saut de voiture ou de train.

J'aime aller à la plage en vélo, au marché en vélo, quand je venais en vacances, je louais un vélo. Des tonnes de boutiques, toutes plus sympas les unes que les autres et j'ai fait un tour assez complet, louent des VTT à assistance électrique pour grimper en toute sérénité, ou simplement des vélos de ville pour découvrir Nice avec le vent dans les cheveux. Les pistes cyclables se multiplient au milieu des palmiers et c'est Nice dans la jungle qui s'offre à vos jambes. Vous êtes en fauteuil, j'ai des copains qui ont des vélos à bras qui s'adaptent à leurs machines et ils parcourent quand même des kilomètres, la volonté peut — littéralement— faire gravir des montagnes.

50. Mais c'est de la *mierda*?

C'est avec mon poissonnier, un matin comme les autres en période de couvre-feu —merci la France—, qu'on se retrouve à parler plats culinaires du monde. Œil de mouton, œufs de poussins et pénis de taureau, très vite entrent en compétition et tout d'un coup j'ai envie que ce livre devienne une bande-dessinée.

Nice n'échappe pas à la règle avec sa spécialité culinaire rigolote, les *mierda di can*.

En tant que professeur d'histoire de l'art, j'ai la chance, avec mes élèves de Master et mes guests Airbnb Expériences de parler de Piero Manzoni, un artiste milanais de l'arte povera, qui réalisa des boites de Merde d'artiste vendues à prix d'or, je veux dire littéralement au prix du cour de l'or.

Mort à vingt-neuf ans, il n'a pu apprécier que sa critique du consumérisme, du packaging et son inspiration du Ready-made a généré tout un marché puisque Ben, l'artiste chéri de Nice en a vendu une en 2006 pour trente mille dollars. La dernière boite s'est vendue à Londres pour un peu plus de 200.000 euros. Tout ça pour dire que je pense comme Truman Capote, qui étrangement n'est jamais venu sur la

Riviera, que « pour aimer quelqu'un, il faut aimer sa merde. » La paternité —et changer les couches— aident beaucoup sur ce point.

Pour une bonne Mierda di can, il faut... en fait, c'est assez complexe, il vaut mieux aller dans un restaurant du Vieux.

Une autre spécialité niçoise à prononcer correctement au risque de passer illico pour un touriste, c'est les raviolis niçois à la daube.

C'est quoi la Daûûûûbe?

De la farine, des œufs, de l'eau et du sel, deux cuillères d'huile d'olive pour la raviole, et de la daube de bœuf, de la blette, encore des œufs, faut faire détox au repas d'après et du fromage, ouais définitivement détox au repas d'après. Mais ça les vaut.

Avec tout ça, on ne sait toujours pas ce que c'est que la daube? C'est du provençal, *adoba*, préparer, une préparation de bœuf et du petit salé mijoté au vin, aux carottes, aux tomates, à l'ail, aux olives avec des herbes de Provence, l'écorce d'orange peut ajouter un goût sympa.

La mierda et la daube c'est fait, quoi d'autre?

Les bugnes qu'on trouve dans toutes les boulangeries avec la fierté d'écrire « local », « original » ou pire « vraie recette. »

Y'a des mecs qui font des faux bugnes? bon, vous me direz, y'a bien des mecs qui font du faux pan bagna, quand on aime (la thune) on ne compte pas la merde qu'on fait bouffer aux autres, souvenez-vous d'Ikéa et de ses tartes au caca.

Les bugnes, pâtisseries frites, que Rabelais adorait au point d'en faire manger à *Pantagruel*, viennent sinon de Lyon, du moins du Lyonnais *bugni*, et ça donne envie de le bugner puisque l'argot signifie coup ou bosse. Les Romains de l'antiquité en mangeaient pendant le carnaval, un autre point commun avec nos ancêtres les Romains. Les puristes le nomment *Li Gansa Nisardi* ou Ganses, « oreillettes » s'entend également et j'aime surtout son nom merveilleux du Sud-Ouest, « la merveille. »

Pour terminer, avant de se raser le crâne et d'adopter le bol de riz des moines tibétains avec un bol de thé pendant deux jours, vous prendrez bien « un bijou », nom donné à la chouquette qui enlève sa débilité en ajoutant de la préciosité à ce dessert.

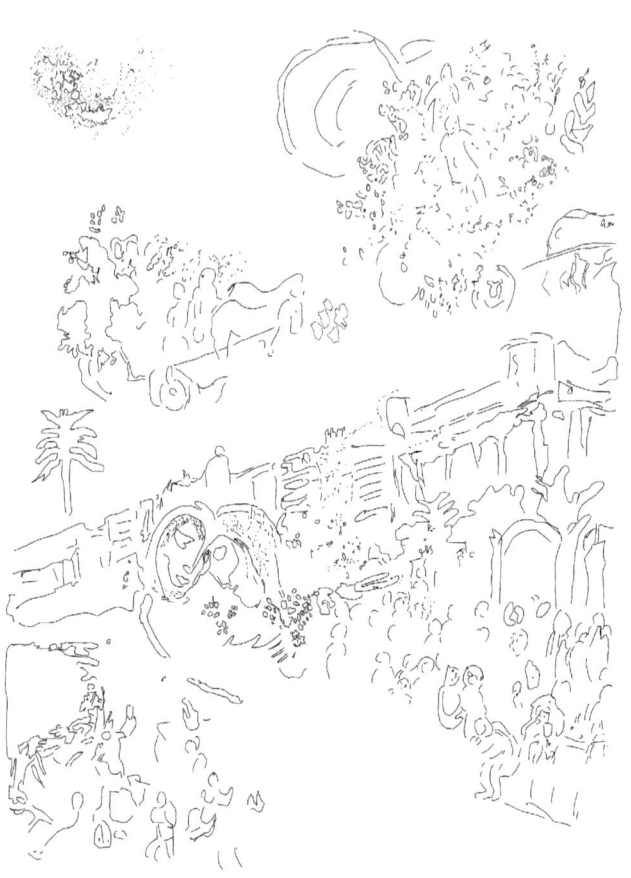

51. Qui a mis un Michel-Ange à Nice?

Le galeriste Antonio Sapone. Réponse facile, circulez y'a rien à voir. Certes, mais je dois avoir l'esprit taquin. Michel-Ange s'était vu, de mémoire, confier, cette commande, pour rappeler que la petite Florence avait défendu sa peau contre bien des Goliaths.

Nice, elle même il est vrai a connu un destin bien balancé de part sa situation géographique, grecque, romaine, savoyarde, italienne, provençale, azuréenne, et aujourd'hui européenne, mais pour combien de temps?

Et elle est toujours là!

Ce qui est fascinant, c'est que ce David n'est là que depuis 1995, une belle année de renversement des pouvoirs s'il en est, et près d'un demi-siècle après l'original de 1504.

Cette très belle réplique en bronze ne devait rester que trois ans, heureusement, elle est encore là, et avec quel bonheur, un Michel-Ange à Nice, c'est merveilleux.

Le Chirac, un autre fan de l'année 95, lui, est arrivé plus tard, l'idée de l'artiste niçois Patrick Frega était de mettre le président dans la foule, on pouvait se surprendre à le voir comme un passant, mais un saute mouton qui dégénère, et on a dû le placer sur un piédestal, décidément, les hommes politiques ne sont pas comme nous.

Et puis il faudrait dire à Chirac que s'il veut aller visiter l'Italie, une Fiat 500 est garée sur le port. C'est celle de l'artiste Stéphane Cipre, dans le cadre d'une politique de la ville qui veut faire sortir les œuvres des musées. Je l'adore parce que, enfant, mon oncle Jacques, qui adorait Nice et travaillait avec César, Kijno, Ben et tant d'autres avait des sculptures plein son jardin, Nice est ma madeleine de Proust. Un taureau de Moya qui est partout ici, une tête et un « vide » de Sosno. L'oeuvre de Sosno est présente au port Lympia avec une superbe queue de baleine, rejointe récemment par Lou Che de Noël Dolla. Hyper controversée, cette œuvre pourrait aller loin, les artistes controversés ont souvent duré dans le temps. Nous reviendrons à la contestée Niki et son Miles Davis devant le Negresco. Toujours dans les promenades nous avons deux Venet, dont la monumentale sculpture de la Prom 'qui rappelle le rattachement des neuf comtés à Nice. J'aime beaucoup Venet, mais un peu à la Sainte-Beuve car j'apprécie sa carrière autant que son œuvre, le mec a une vie de dingue. Devant la mairie, le pouce de César, que je rencontrais dans ma jeunesse chez l'oncle Coco. J'habitais à côté du centaure à Paris et j'aime tout l'œuvre de cet artiste, des autoportraits en papier compressé, aux expansions de sa fin de carrière, sans oublier ses célèbres voitures compressées.

Rien de tout cela ne vous parle, allez voir Totor à Cimiez, que vous retrouvez à vélo le long du Var et dans les galettes des rois niçoises. Le Jack Russel masqué monumental de Stéphane Bolongaro est une œuvre très amusante et extrêmement bien réalisée. Les contrebasses d'Arman, la charmante Nikaia de Volti devant l'Acropolis, le rond point de Ben, la chaise bleue de SAB, inspirée de celle de Wilmotte sur lesquelles on peut s'asseoir. Aimez ou n'aimez pas les sculptures mais on ne peut pas se plaindre d'avoir une ville si tournée vers les artistes. Oui, mais ces sculptures ont des raisons politiques, financières me direz vous, sans doute, mais la Joconde aussi. Et puis j'ai entendu des Niçois se plaindre des palmiers et Grincheux était un des sept nains.

52. Y'a des musées à Nice?

Et quels musées! Je l'ai déjà dis la ville est un musée à ciel ouvert avec ses sculptures monumentales, ses palais, ses monuments, sa vieille ville, ses cours, ses fontaines, ses marches, ses parcs, n'en jetez plus. Et pourtant, il y a aussi des musées et bonne nouvelle, la plupart sont gratuits pour les locaux, les jeunes, les étudiants ou si vous êtes en recherche d'emploi, et entrer dans un musée c'est lancer une carrière.

Vous ne me croyez pas, à seize ans, je me lançais dans l'aéronautique, à dix-huit dans la philosophie, à vingt dans la littérature, puis dans le journalisme et enfin dans l'art et son histoire. Comme quoi, j'aime être surpris par cette vie et l'endroit au monde où je suis le plus surpris, c'est au musée.

Attention, je n'ai rien contre le tire-bouchon ni contre ses pomelkophiles, mais son musée m'intéressent moins.

A Nice, j'ai trois chouchous, mon premier, c'est le musée des beaux-arts. Pour quelques pièces surtout et en particulier Carpeaux et son pêcheur napolitain plein de malice, j'adore Carpeaux qui a passé une des dernières années de sa vie à Nice, dans un palais sur la Promenade. Très affecté physiquement et moralement, il allait à la plage en fauteuil roulant presque tous les jours. Toujours dans ce palais ukrainien du Dix-neuvième siècle, on trouve la crucifixion de Bronzino, ou le Cinquecento dans toute sa gloire, une pièce d'exception qu'il faut avoir vu une fois dans sa vie. Ce grand format fait grande impression. On y admire également une belle allégorie de Brueghel, un Pierre Bonnard paradoxalement Parisien et de beaux Raoul Dufy.

On redescend en ville pour accéder à la modernité mais tout artiste est moderne à un moment de sa carrière, avec le MAMAC. Moderne et contemporain comme l'annonce son titre avec des chiffres et des noms à faire tourner la tête. J'en balance en rafale, Niki de Saint-Phalle, non pas par honneur aux dames mais parce qu'elle peignait avec un fusil, Klein, l'enfant chéri du Mamac, du Pop art américain avec entre autre le triptyque gagnant, Rauschenberg, Lichtenstein, Warhol. D'autre Nouveaux réalistes dont mes préférés César, Christo, Spoerri, Hains et Villeglé. Encore une salve pour le plaisir parce que ça n'a aucun sens tant d'opulence. D'autres artistes qui représentent d'autres courants, l'Op Art de Stella, le Color Field d'Ellsworth Kelly, le Minimalisme de Raynaud, dont les pots de fleurs géants me semblaient plus fous que ma jeunesse folle. L'au moins autant célèbre que figuratif Keith Haring. Et en vrac la talentueuse —mais que j'ai mis longtemps à apprécier— Annette Messager, les superstars Calder, Soulages, Vasarely et j'en passe tellement le MAMAC donne l'impression d'être un pirate tombé dans le trésor d'Ali Baba si ce dernier avait été un grand collectionneur des dernières soixante-dix années.

Enfin, pour la fin, je vous présente le chef-d'œuvre absolu, longtemps inconnu, de Louis Bréa, qui se trouve dans un bijou architectural, le musée Masséna. Encore une crucifixion mais en retable —*rétro tabula altaris*, ce qui était derrière la table-autel dans l'église— cette fois. Le premier retable de ce Primitif Italien est déjà un tour de maître, les scènes des écoinçons (dans les coins) sont époustouflantes. Tout est détail, luxe et volupté. La scène principale vient de retrouver ses larmes après trois années de restauration à Marseille, chapeau bas aux restaurateurs.

N'hésitez pas à visiter la quinzaine de musées, les innombrables églises pleines de bijoux, les galeries qui ont fait une partie de l'histoire de l'art mondiale, et je ne m'emballe même pas en disant cela. Matisse, Chagall, l'art naïf, les instruments de musique anciens, l'archéologie, l'Asie, le musée est le voyage le moins cher du monde et pourtant le plus puissant.

53. Faut-il parler nissart?

C'est Thomas Römer que j'allais écouter au Collège de France qui disait, vous devriez apprendre l'hébreux, après l'araméen et le syriaque viennent tout seul. Sauf que voilà, on n'est pas tous des professeurs du Collège de France.

Les langues, sont une passion depuis mon plus jeune âge, une passion de cancre, comme le disait une journaliste de Grazia qui me taillait le portrait. Cancre, j'ai été, et cancre je me revendique toujours, de la Sixième à la Seconde, tous mes carnets retentissent du mot « fumiste ». Je pense détenir le record mondial du mot fumiste écrit sur des carnets de correspondance. Et voilà comment on devient humoriste. J'y repensais hier en écoutant un philosophe, auteur d'un très bel ouvrage sur la désobéissance civile, Frédéric Gros. Les bons élèves, riches, deviennent ministres, les fumistes, pauvres, restent fumistes.

Et puis j'ai découvert l'anglais, en fumiste, je vous rassure, mais j'ai commencé à lire très vite, beaucoup d'Oscar Wilde dans le texte, un peu de Thoreau et puis il y eu deux chocs, Allen Ginsberg et William Faulkner. Il y en aura bien d'autres.

Et le Nissart dans tout ça me direz-vous? Le Niçois en fait, nissart c'est pour faire chic, déjà, on l'entend encore parler sur le port ou dans les montagnes niçoises. Il a peu évolué depuis le Moyen-âge, ce qui le rend fascinant car il porte vraiment l'histoire de la région. L'évolution des langues est incroyable. Par exemple, les Grecs de l'antiquité qui parlait l'ionien attique ont perdu leur langage. Quoi? Qu'est-ce que c'est que ces histoires, depuis quand on perd un langage? Bref rappel.

La langue de nos voisins italiens est beaucoup plus éloignée du latin de leurs ancêtres que ne l'est le portugais, ce doit-être pourquoi je préfère la bossa nova à la pop italienne dont j'aime toutefois le rap. Comme quoi les langues ne cessent de nous surprendre. L'allemand est mon plus grand remord. Ma grand-mère me l'avait interdit, ainsi que d'avoir une petite amie allemande, j'ai respecté le premier décret. Je loupe ainsi *Les Souffrances* de Goethe, le *Zarathoustra* de Nietzsche, la correspondance de Mozart et toute l'histoire de l'art par les maîtres allemands. Sans parler de l'opéra ou des grands cinéastes. J'ai vu des amis apprendre le chinois et l'hindou, j'ai aidé des amis en souffrance à apprendre le français ou l'anglais, je baragouine encore trois mots d'espagnol. J'ai toujours aimé le grec ancien, l'amour du latin est venu plus tard, à la faculté.

Le niçois se partage avec le pavot et le royasque dans cette fascinante dialectologie occitane qu'est l'univers provençal.

Certains rattachent à la langue d'oïl ses origines et il est difficiles d'imaginer la langue des premiers Ligures qui ne fut qu'orale. On pense son origine indo-européenne avant l'arrivée des Phocéens. Quoi, le niçois c'est de l'hindou? Peut-être pas jusque là, mais le nissart pour sûr est une langue au moins aussi universelle que locale. Longue vie au nissart.

Embrassada sensa barba, meleta sensa sau.

Embrassade sans barbe, omelette sans sel.

54 Doit-on revoir Renoir?

Quand l'histoire se met à la révision, ça n'est pas bon signe, le mot révisionnisme a toujours une presse mitigée et l'être humain, une fois que l'histoire est écrite préfère la conserver telle quelle, même si elle est fausse. Les exemples sont nombreux, j'en prends un qui m'avait marqué dans mon adolescence, les gentils cowboys et les méchants indiens, et bah, c'est un mythe. Vous me direz je suis un peu con, mais vous reconnaîtrez qu'Hollywood a quand même beaucoup œuvré pour vous faire croire à la légende.

Légende et le mot est lâché, ça n'est pas les seuls, les Romains, les Grecs, les Étrusques, les Hindous, il n'est pas une civilisation qui n'a pas inventé sa légende, jusqu'à La Bible, qui dans l'Ancien Testament, a tendance à minimiser les branlées militaires. Oui, je sais c'est mal de parler ainsi de la Bible, et j'adore les livres religieux, mais parfois, il faut se dire les choses comme elle sont.

Pour l'histoire de l'art c'est pareil, et surtout pour un grand artiste du comté de Nice, Pierre-Auguste Renoir, dit Renoir. Né à Cagnes-sur-mer, ce que tout le monde sait dans la région puisqu'il y a un charmant petit musée avec une vue à couper le souffle.

Pourquoi je parle d'Auguste Renoir —c'est le nom d'artiste qu'il s'est donné— parce qu'il a eu un atelier à Nice.

Et si l'on sait que l'artiste en fauteuil roulant, l'ami d'Oscar-Claude Monet —qui a également changé son prénom— a passé les dernières années de sa vie à moitié à Nice, cela a permit d'authentifier un de ses derniers tableaux, une vue du vieux Nice.

Son dernier fils fréquente le lycée Masséna, les acheteurs sont à Nice, les médecins également, puisqu'il est déjà fortement malade, et puis sans doute, cet homme âgé devait être lassé de voir des fleurs, et c'est la vue de la ville, de la foule et de la vie qu'il devait rechercher.

La vue parlons-en. Son appartement jouxte l'église du Vœu, et il peint une vue de la vieille ville dominée par la tour Saint-François dont le léger penché est caractéristique. La pochade au penché semble donc être parmi les dernières toiles du maître, elle a été authentifiée grâce à des lettres des fils du peintre, le tableau est visible au musée de Cagnes

et je trouve que cette histoire ajoute à l'émotion de ces trois traits. Trois traits de Renoir, ça n'est pas rien, puisqu'une dame dans les parfums demanda un jour au maître d'illustrer un de ses fioles, il le fit en trente secondes et demanda une somme faramineuse. La dame, très heureuse, s'offensa toutefois de la somme demandée et lui rétorqua :
- Tant d'argent pour trente secondes de travail, cher maître, quand même...
- Pas trente secondes madame, trente ans et trente secondes.

Comme j'adule cette réponse, si pleine d'esprit, et de cette malice qui se trouve dans presque dans tout son œuvre.

Laissez moi ajouter un dernier point sur l'homme de Cagnes, qui vint passer ses derniers hivers à Nice « l'hiver, saison de l'art » disait Mallarmé.

En 1874, lors de la naissance de l'Impressionnisme, les critiques écrivent, je paraphrase de mémoire : « Dîtes à monsieur Renoir que les femmes ne sont pas des morceaux de viande. »

Ses baigneuses choquèrent la société post Second-Empire. Aujourd'hui, un collectif demande à ce qu'on retire les Renoir des musées en organisant des manifestations pour expliquer que Renoir n'est pas un peintre. Un homme qui agaça la société dès sa jeunesse et qui le fait encore plus d'un siècle après sa mort est pour moi le plus grand génie de tous les temps. Pour ces baigneuses, Matisse disait que « personne n'a fait mieux que Renoir », quand un maître parle d'un maître, on tend l'oreille.

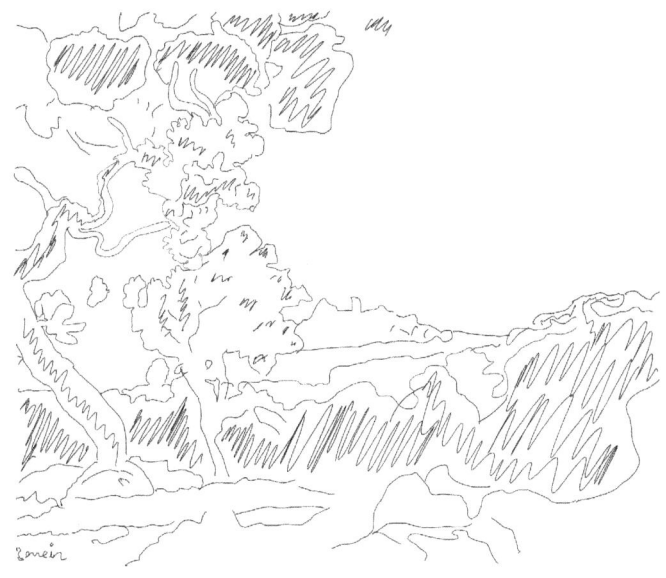

55. Doit-on boire un verre sur le Cours Saleya?

Et comment! puisque l'origine même de celui qui fut longtemps simplement appelé *Lou Cours*, qu'on voit encore dans les panneaux écrits en niçois, tient son nom d'une légende.

En effet, si tout le monde connait le cours Saleya, son marché aux fleurs, sa brocante tendance et plutôt sympa et bon esprit puisque la discussion y est permanente et que j'y trouve les prix raisonnables même si on m'a déjà ri au né pour cela. Son nom est toute une histoire.

L'abbaye de Saint-Pons, à visiter sur le Paillon, remonte au Huitième siècle et les moines avaient un tel cellier —Nice étant la terre d'accueil d'une des plus vieilles vignes de France— qu'ils durent mettre des réserves sur *Lou Cours*. Le Cours garda en mémoire l'appellation du moine chargé des celliers, le cellérier en charge qui habitait une *cellaria* ou *cellaya*, laquelle serait devenu Saleya par extension.

Saint-Pons, un ancien sénateur romain à l'âge de 18 ans, pas mal, fut torturé par le président Claudine de Cimiez, car il refusait de renoncer à la foi chrétienne. On le tortura… en vain. On le mit dans les arènes de Cimiez avec deux ours, qui dévorèrent leurs montreurs au lieu du saint. Finalement, seule la décollation eut raison de Saint-Pons. En sa mémoire et en celle du Christ, l'Eucharistie fut célébrée dès les premiers jours des moines avec la plus belle phrase de la chrétienté. « Buvez en tous, car ceci est mon sang. »

Déjà *lou cours*, sans majuscule, il faut s'y arrêter prendre un café à huit heures, un rafraîchissement à onze, y déjeuner à 14h, y prendre un thé à quatre heures, y revenir à 19h pour un apéritif entre copains et y diner à 22h avant d'y aller danser et de le traverser pour rentrer au petit matin. Pas la peine de faire tout ça dans la même journée. Je l'aime à six heures, quand je pars me promener à bicyclette et que ses ocres et ses jaunes baroques dansent dans leur rectilignité, tandis que la mer et le ciel se partagent l'aube avec un café. Cet endroit est si beau qu'il donne envie de devenir poète. Pas étonnant que Matisse y ait pris son atelier.

En tant qu'amoureux de la Renaissance italienne, je crois beaucoup que les villes par leur beauté contribuent à l'évolution de la civilisation. Ça parait un poncif que n'aurait pas renié Saint-Pons mais il est difficile de ne pas se laisser chavirer par les émotions olfactives des maraichers, de s'émouvoir des boutiques de luxe qui rappellent la richesse de la ville internationale dès son origine.

François Malausséna, le fameux maire du XIXème siècle, y fit interdire les charrettes. À la fin de ce siècle en 1897, le premier marché aux fleurs —du monde!— y voit le jour.

Les nouvelles arches viennent de réouvrir *lou cours* sur la promenade et les embruns de la Méditerranée viennent augmenter le plaisir de flâner sur le marché. Oui, je sais passer de promeneur à flâneur ne semble pas très utile et pourtant les philosophes grecs de *Nikaia* n'étaient-ils pas des péripatéticiens, des hommes qui marchaient en parlant, Rousseau n'écrit-il pas ses promenades en marchant?

L'ancien *Palco*, ou cours en niçois, a retrouvé toute sa beauté qui réside, au delà des fantastiques bâtisses qui l'entourent, dans le plaisir des passants et des commerçants, des amateurs de bonnes tables ou tout simplement d'un chat qui attend aux aguets la fin du marché pour boulotter un bon bout de poisson.

56. Sous les galets, la plage?

Mais qui a décidé de mettre des galets sur la plage de Nice pour nous casser et les pieds —au propre comme au figuré— et la tête, alouette? On ne sait pas très bien d'où cela remonte mais on sait que ça sert à éviter que la mer n'arrive en ville.

Tout le monde à en tête, les vagues de la digue de Saint-Malo et la chanson de la digue du cul et vice versa.

En gros, sans être géographe, on peut considérer que la mer gagne du terrain sur la planète bleue. Ce qui veut dire que le niveau de la mer monte. Et pour éviter l'inévitable, l'érosion créé par la mer, l'érosion, c'est quand la mer « mange » la terre, une seule solution, mettre des galets.

Le sable pourrait fonctionner aussi bien, mais l'étude à plus de cent millions d'euros a calmé les élus voilà plus d'une décennie d'apéros en mairie. On trinque donc au galet de Nice qui vient engraisser les plages.

Engraisser, oui, c'est un terme technique. Les plages vivent selon un cycle, le cycle sédimentaire du littoral. Le sable s'amaigrit au début de l'hiver, ce qui signifie qu'il redescend vers l'avant de la plage. Au début de l'été, ce même sable migre vers le haut de la plage, c'est l'engraissement. On notera sans une certaine ironie que cette cure est à l'inverse des baigneurs et baigneuses.

Si nous n'avons pas de marées, au grand désespoir de Brice de Nice, en effet, l'attraction de la Lune n'a que peu d'effet sur les mers fermées, nous avons bien un cycle.

L'hiver 2020-2021 a été très rude avec pas moins de trois grosses tempêtes, et un ami habitant la promenade me disait que des galets étaient même projetés sur les vitrines des Rez-de-chaussée. Le vent est si fort, que mon ami devait tenir ses fenêtres.

Et ils viennent d'où, tous ces galets? Ça doit couter cher d'acheter des milliers de mètres de galets. Oui, car notre belle bleue dans sa colère décide de reprendre des galets tous les ans. Ça me fait toujours penser à la belle parabole de vider la mer avec une cuillère ou au très beau titre du livre de marguerite Duras, Un barrage contre le Pacifique.

Mais l'homme dans sa nature est un combattant. L'homme est un dieu pour l'homme comme l'écrivait Hobbes. Ainsi, pour prendre soin des nôtres, nous décidons d'arrêter la mer, à coup de galets. Le Dieu des galets, dans son infinie bienveillance, nous fournit ces fragments de roches arrondis des montagnes, car ils descendent naturellement le Paillon, où l'homme a mis des pièges à galets. Même moi quand je raconte cette histoire, je n'y crois pas et pourtant tout est vrai.

Rolling stones plus loin, pardon Pierres qui roulent n'amassent pas mousse plus loin, il est bien rond et bien poli notre galet et il est prêt à retenir la mer, malgré sa dimension de dix à dix-huit centimètres de mémoire. Bref, petit mais costaud le galet.

Mais qu'est-ce que le galet va faire dans cette galère? Gardez à l'esprit que les *pebbles* niçois, galets en anglais, sont des galets de rivière et que ce sont eux qu'ont utilisé les premiers hommes ici même à Nice, pour domestiquer le feu, peut-être pour la première fois dans l'histoire de l'humanité, non, vraiment le galet c'est la vie.

57. Aéroport ou arrêt au port?

Atterrir à Nice reste une expérience financièrement très accessible, surtout en période de pandémie. La vue sur la Côte d'Azur est à couper le souffle et on ne peut s'empêcher de se demander au moins la première fois, si la piste n'est pas un peu courte.

Pas d'inquiétude, je rassure mon lecteur aérophobe. Déjà la piste est parfaitement étudiée, et de nos jours, si les conditions ne sont pas bonnes on reroute les vols sur les aérodromes les plus proches, un moyen de voir l'Italie, Cannes ou Monaco juste pour le plaisir.

Et même si l'on tombait dans l'eau, eh bah, c'est pas grave non plus, parce que Paulhan, sacré aviateur, même s'il a refusé le baptême de l'air à William E. Boeing, premier du nom, a reçu un prix du premier hydravion capable d'atterrir et de redécoller. Lequel Jean Paulhan créa une école de pilotage à Villefranche-sur-mer dès 1912.

Nice et sa région ont clairement la même passion que Léonard de Vinci, voler. Notre troisième plus gros altiport français après Roissy et Orly s'est vu déclarer plus belle approche d'aéroport au Monde, pas mal et titre franchement mérité.

Sur la plage de Nice, on voit décoller les avions, ça en agace certains, et sans être un fan d'aviation, malgré la passion familiale qui courait durant mon enfance. Je reste sidéré que ce bout de terre, puisse faire décoller et atterrir soixante avions par heure.

Guynemer et Saint-Exupéry sans être vraiment liés à la ville semble en être des inspirations. Guynemer par sa place, qui est celle où l'on retrouve l'important monument aux morts pour la France dont le pilote Guynemer à l'âge de seulement vingt-deux ans, lors de la première guerre. L'auteur du Petit Prince lui a perdu la vie en Méditerranée, puisque son P-38 Lightning est retrouvé en mille morceaux au large de Marseille, après la fameuse découverte de sa gourmette.

Au risque de perdre le lectorat aérophobe, je change de sujet pour dire combien le fait d'habiter dans une ville si riche de son aviation est rassurant. On peut aller à New York sur un coup de tête manger un sandwich au pastrami, le préféré de Woody Allen —qui tourna à Nice— à New York city ou une soupe pékinoise... à Pékin. Vous pouvez aller danser le rock sur la Kasbah de Tanger. Une envie de prendre de la hauteur et c'est à Dubai que vous grimperez les 828 mètres de la Bhurj Khalifa?, je conseille l'ascenseur. Un ami galeriste vous invite à un vernissage demain soir à Tel Aviv, pas de problème. On a l'impression que je suis le publiciste de « l'arrêt au port » de Nice, en fait de tous les aérogares. Ces lieux magiques.

Le fait que des pionniers aient pu, grâce au soutien du club d'aviation de la ville faire avancer le rêve de Léonard et rendre notre monde si international me met en joie. Car si j'étais aérophobe, à Nice, je peux croiser tous les jours, des habitants de toutes ces destinations et les entendre sans doute dire : #ILoveNice.

58. Blette salée ou blette sucrée?

Il y a mille façons de préparer la blette, les boulettes de blette, la tourte de blette, le tian de blette, les pelotons de blette qui est juste le nom niçois des boulettes, le gratin de blette, il faut bien commencer quelque part :

- 1 botte de blettes
- 1 oignon
- 2 gousses d'ail
- 1 boîte de tomates en dés
- quelques feuilles de basilic
- 3 fines tranches de bacon
- 4 anchois à l'huile
- 100 g de mozzarella
- huile d'olive
- sel & poivre du moulin

1 plat à gratin légèrement huilé.

Préchauffage du four à 200°C, c'est pas compliqué.

Pour le Tian
- 2 bottes de blettes de Nice (ou blettes fines)
- 50 g de riz
- 2 oignons
- 1 gousse d'ail
- 100 g de jambon cuit (facultatif)
- 100 g de parmesan
- 3 œufs
- 1 verre de lait (ou de crème liquide)
- ½ botte de persil
- sel, poivre
- huile d'olive
- de la chapelure

J'apprécie également cette *bliton* en grec ou *blitum* en latin, bref, une plante potagère à larges feuilles qui descend de son illustre ancêtre qui fait —pour les plus grands plaisirs de mes fils— faire pipi tout rouge, la betterave bien sûr. Dont Dumas, dans sont fameux dictionnaire de cuisine disait :

Lorsque l'on fait cuire les betteraves au four, et c'est la meilleure façon de les cuire, il faut d'abord les laver à l'eau-de-vie commune.

Que vous biniez ou non vos blettes, vous pouvez également les faire en fameux « pelotons » (les boulettes) avec :

- 1 kg de blettes
- 250 g de viande cuite hachée (idéalement un reste de rôti ou de bœuf)
- 150 g de jambon blanc
- 2 ou 3 œufs
- du fromage râpé

sel et poivre

de la farine

En soupe, en purée de pomme de terre à l'ail, en farcies, en salade, j'aime avec pignons et raisins. En moelleux, en pizza, avec des pâtes, en *frittata* (c'est pour étaler ma science) avec des épinards, en *bastelle*, ces incroyables chaussons salés, un délice en entrée, en risotto, en tourte ou à la crème, bon appétit.

59. Nice est-elle en Mésopotamie?

Le pays entre les deux fleuves pourrait être un joli surnom pour Nice, née non pas entre le Tigre et l'Euphrate comme *Meso* « entre » et *Potamos* « fleuves », mais entre le Var et le Paillon, il y a 2,58 millions d'années environ.

Alors faut être honnête, à l'époque, y'avait rien, pas un troquet, pas une mobylette, rien, la zone quoi, pour parodier un humoriste français.

Et des villes aussi bénies des dieux sont rares dans le monde. Nous savons tous, que dans les zones arides de notre planète, l'eau peut-être un combat quotidien, d'ailleurs nous la préservons l'été pour pouvoir la partager.

Nice a la mer, la montagne et ses deux fleuves, le Var et le Paillon.

Je commence par le plus petit, comme dans les jeux de sociétés. J'appris de mon ami véritablement niçois Denis, qu'on craignait tellement les crus de ce fleuve de trente-six kilomètres qui a sa source proche du col de Braus, sur les pentes du Mont Auri, que dès le Moyen-âge des chevaliers descendaient au galop en hurlant *Paioun ven! Paioun ven!* Pour protéger les bugadières qui lavaient le linge.

Ce fleuve puissant fut rapidement utilisé par le génie humain pour alimenter outre des bassins, des fortifications de châteaux, également des moulins à farine, c'est peut-être pour ça qu'il y a autant de boulangeries à Nice, un excès d'énergie.

Ironiquement, ce fleuve dangereux, les 650 millions de tonnes d'eau qui emportèrent une grande partie de Saint-Martin-Vésubie rappellent la force de cet élément, ironiquement donc, ce Paillon surveillé par des guetteurs depuis des siècles disparait quasiment en été, ce qui lui vaut des légendes digne de Pirates des Caraïbes.

Ce fleuve côtier, ça veut dire qui se jette dans la mer, y'a des fleuves qui se jettent dans des déserts, c'est fou la géographie; le Paillon donc a défaut de revoir le jour à Nice, ce que défendent des associations et c'est une belle idée, va gagner en verdure puisque le Théâtre National de Nice et le

Palais des Congrès —Acropolis— sont en train de disparaître par soucis de verdissement.

Si comme moi vous aimez autant le théâtre que les espaces vert, vous devez vous sentir comme l'âne de Buridan qui avait aussi faim que soif.

Le Var s'il est plus tranquille porte son ironie dans son nom, puisqu'il ne traverse pas le département du... Var. S'il marquait la limite de la France jusqu'au début du XIXème siècle. Son nom viendrait d'un mot sanskrit qui veut dire eau. Génial, on peut se baigner dans le Gange à Nice, Nice n'est pas en Mésopotamie mais en Inde. Trêve de plaisanterie. Il portait d'ailleurs le nom de son affluent la Tinée au Moyen-âge, l'attribution de son nom actuel relève donc du mystère. Pour terminer la petite histoire, en 1860, est à nouveau attaché aux Alpes-Maritimes et le Var ne traverse donc plus le Var, désolé, je ne me lasse pas de cette histoire.

Son eau du Mercantour nous alimente très proprement en l'absence d'agriculture intensive et d'industrie lourdingue. Au XXIème siècle, c'est une sacré chance!

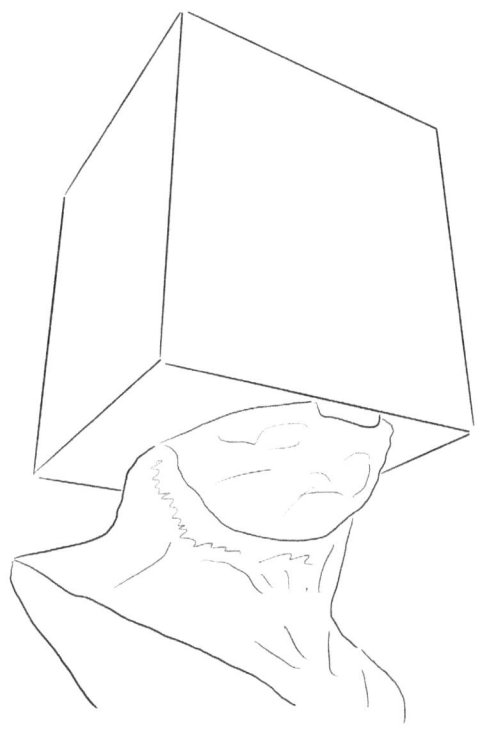

60. Y a-t-il des cadavres les pieds dans le béton au fond du port?

L'histoire des hommes part toujours des mythes. L'histoire des gangsters de la même manière. Cette histoire des pieds dans le béton relève des polars et des films de gangsters et pourtant, un caïd New-Yorkais vient de remonter à la surface car ses assassins ne maitrisant pas la technique du béton, avaient laissé de l'air et du coup, le cadavre est remonté à NYC. Ah les amateurs!

Petite mise en bouche du monde de la signature de la mafia, on ne choque personne en disant que la Côte d'Azur a son lot d'histoires liées au Milieu. J'en parle surtout parce que j'ai des copains Romains guides-conférenciers qu'on empêche de travailler par des menaces physiques, des copains restaurateurs, qui refusant de payer pour leur protection ont vu leur établissement saccagé et parce que j'ai déjà été intimidé par des types avec des battes de baseball lorsque j'étais journaliste et qu'entre perdre tes jambes où balancer un politicien corrompu et bah résultat je fais 2h02 au semi-marathon, mais là n'est pas la question.

Feu ma belle arrière grand-mère, une spécialiste de la médecine chinoise, disait que celui qui est sur Terre pour être un gangster est là pour respecter le cercle du Tao. Je pense qu'elle a raison.

Nice et la Côte d'Azur ont eu leur lot de rebondissements judiciaires depuis une cinquantaine d'années. Regardez le film Le Siffleur dans lequel Thierry Lhermitte incarne un promoteur immobilier véreux qui s'aide de gros bras pour arriver à ses fins. Une amie comédienne avec qui je faisais une tournée, me disait avoir des amis dans la mafia à Cannes. Les gangsters c'est comme les francs-maçons, on n'est pas censé les connaître, mais on n'en connaît tous un.

Pour le cas particulier de Nice —et on sent fléchir les genoux de l'auteur de ces lignes— j'aime parler de Graham Greene qui publia un *J'accuse Nice!* Qui dénonçait entre autres la guerre des casinos et la tristement célèbre disparition d'Agnès Leroux, l'héritière du Palais de la Méditerranée, à seulement vingt-neuf ans.

Ce qui m'intéresse, dans Nice : *The Dark side of the Riviera*, de son titre original, c'est que l'Anglais le plus célèbre d'Antibes, ancien agent-secret du MI6, les services secrets de sa Majesté —comme James Bond—, a continué à fouiner et on peut lui reconnaître du talent pour cela. Le livre ne révèle pas grand chose en terme de preuves mais le maire de Nice de 1982 en aurait fait interdire la publication en France.

Le célébrissime auteur d'Un Américain bien tranquille —titre ironique s'il en est— était-il tombé dans la paranoïa, ou bien certaines histoires avaient effrayé les pouvoirs publics de la France? Pour citer une autre grand-mère, il n'y a pas de fumée sans feu. Je termine par cette belle déclaration de Green dans laquelle je me reconnais, à propos de ses amitiés avec Kim Philby, le plus célèbre agent double du MI6, qui en fait travaillait pour le KGB, Graham Green qui était son ami, et qui rendit sa légion d'honneur à Pompidou, déclarait, donc : « Je n'ai jamais cru en l'importance de la loyauté envers son pays, la loyauté envers les individus est préférable. »

À méditer.

61. Devrait-on tous se tonsurer?

Le patrimoine religieux de la ville est à se faire faire une tonsure. La plus célèbre église de Nice— et également l'une des plus anciennes— est à n'en pas douter Sainte-Rita. Les mystères de cette église se perdent dans la nuit des temps, ce qui explique peut-être aussi son succès car qu'est-ce que la foi catholique sinon, le plus ancien monothéisme de l'humanité. Si la transmission de cette religion fût aussi écrite qu'orale, son culte lui dût connaître bien des secrets pour survivre jusqu'à aujourd'hui. Encore première religion du Monde, sans doute à égalité avec l'islam, mais bon, c'est pas les Jeux Olympiques de la foi non plus, quoi qu'un peu quand on y pense, le catholicisme est fascinant surtout par le choix de ses fidèles. Sainte-Rita par exemple s'appelle l'Eglise de l'Annonciation mais les adeptes de Sainte-Rita, patronne des causes désespérées, à la biographie rock'n'roll sans être rocambolesque, préfèrent lui attribuer le nom de la veuve de Cascia née en 1381. Protectrice des animaux et des filles de la rue par extension populaire, cette sainte bien terre à terre est devenue aussi célèbre que Saint Antoine de Padoue, également saint mineur dans la vie officielle des saints.

On ne pourra pas toutes les faire, je vais encore user du style remise des Césars, oui, je sais c'est à Cannes, mais César est international et comme disait César —l'empereur—, « on parle bien des morts ou en n'en parle pas. »

Le prix de l'église la plus russe revient à la cathédrale orthodoxe Saint-Nicolas, centenaire. La plus futuriste revient sans hésitation à Sainte-Jeanne-d'Arc, contemporaine de Saint-Nicolas, son architecture est étrangement futuriste, on y voit une meringue par sa blancheur, des huttes africaines (je l'ai vraiment lu!) et des coupoles byzantines, voilà qui nous rapproche des orthodoxes. J'ai la chance de passer devant tous les jours, son inspiration est multiple puisque l'extérieur est art nouveau, la mosaïque intérieure est cubiste et les icônes sont inspirées du Quattrocento, donc de la Renaissance italienne, un melting-pot artistico-religieux, ce théâtre de la fois catholique me fait penser à l'amour de Jouvet pour le théâtre, or le théâtre étant désordre, commençons par aimer le désordre, disait-il.

La plus belle est à n'en pas douter Sainte-Réparate, patronne de la ville, pour sa situation au cœur du Vieux et sa construction sur un site religieux de plus de quinze siècles.

La plus terrible, car écroulée le jour où elle fut terminée en 1845, revient à l'Immaculée Conception (d'ou l'ironie de son écroulement) du Port Lympia qui entre si parfaitement dans le plan de ce port où des ingénieurs sont encore arrivé à faire entrer un tram, le génie civil français me surprendra toujours.

La tour Saint-François annonce toujours fièrement l'heure avec ses 1500 kilos de fonte, elle reçoit donc le prix du plus fort couvent, celui des Franciscains. Le prix de beauté va à la chapelle de la Visitation Sainte-Claire, à peine centenaire, même si le couvent adossé date du XVIIème siècle.

On pourrait encore en citer des tonnes, je termine avec ma petite fétiche de Cimiez, l'église Notre-Dame de l'Assomption, partie du monastère, qui date du Quinzième siècle et qui comportait pas moins de trois œuvres du Primitif Louis Brea.

J'en aime tant d'autres parce qu'on peut entrer dans une église à tout moment et prier si l'on est catholique, sinon, juste tenter d'apercevoir celui que Spinoza jugeait sans morale, Dieu.

62. Peut-on voir la Corse de Nice?

C'est à peine croyable ce qu'on peut voir des hauteurs de Nice.

Sans même aller jusqu'à la Pointe des Communes dans les Préalpes de Nice qui culmine à 2080 mètres, le record de Nice, j'aime monter en vélo au Mont Chauve, parce que je le vois de chez moi, et qu'un homme qui voit une montagne, doit la monter un jour ou l'autre, heureusement, que je n'ai pas vu sur l'Everest ou le Kilimandjaro!

Le Parc de la Grande Corniche reste une expérience rêvée pour le fan de Gravel Bike que je suis. Le Mont Boron nous offre les plus beaux levers de Soleil, avec des couleurs moirées à peine croyables. Un jour, mon grand garçon de cinq ans me demande. Papa, tu sais pourquoi les nuages sont parfois rose ou orange? C'est parce que le soleil, quand il se réveille, décide de les peindre.

Matisse n'aurait pas dit mieux. Bon, ok, c'est peut-être de la fierté de père, de cette poétique image enfantine de la météorologie, mais, l'homme depuis son origine regarde le ciel et s'interroge, ne serait-ce que pour savoir s'il doit prendre un parapluie.

Voit-on la Corse? oui bien sûr, par temps clair et simplement avec ses yeux. L'Italie, avec ses pointes, que j'appelle sans doute à tort les lacets de la botte.

Et puis les Alpes à perte de vue, les massifs enneigés.

Antibes, et Cannes selon la hauteur, où il faut monter des marches pour être vu. À Nice, on monte pour voir et non pour être vu.

Selon l'aigle du drapeau —des armoiries— de Nice, il y a trois collines. Mont chauve, Mont Alban, Mont boron. Il y a beaucoup de discussions sur ces trois monts. Sont-ils symboliques ou réels? La belle aigle héraldique lève-t-elle la patte ou pas? Pour répondre à cette dernière question, c'est un chanoine du XVIème siècle, qui se demanda si Nizza, prononcé Nitça, étant entre France et Italie, et à l'histoire pour le moins chamaillée, n'était pas ni ça, ni là, et que cette incertitude ferait lever une patte de l'aigle. Hors, il n'existe pas de représentation de l'aigle niçois à la patte levée, mais la légende est rigolote. Mes recherches me font penser que si Nice a été dominée par bien des puissants, elle a su garder une identité remarquable et fortement marquée.

Pour voir Nice, je souhaite souligner une initiative remarquable des acteurs locaux avec la création du GR Lou Camin Nissart, soit le premier sentier de grande randonnée des Alpes-Maritimes. La promenade, même un peu extrême comme celle de ce marathon pédestre de plus de 42 kilomètres a des vertus miraculeuses pour la création. Les philosophes grecs péripatétinaient, de *peri*, autour, et *pattein*, marcher, pour donner leurs leçons. Aussi, la marche est-elle l'exercice par excellence qui exerce l'esprit. Ici, c'est un moyen de traverser la ville, de voir sa diversité et d'apprécier sa richesse. Vive *Lou Camin Nissart*! Et par temps clair, oui, on peut voir l'Île de beauté, soit plus de deux-cent kilomètres, l'œil humain est décidément une machine d'une surprenante efficacité.

63. Et si j'en ai marre de Nice?

Alors, c'est qu'il est temps de se faire pèlerin, promeneur, flâneur, de se laisser aller, d'adopter la *dolce vita* de l'Italienne qu'est encore Nice par bien des aspects. Aller à la plage et entendre les groupes d'Italiens deviser me met en joie. Les habitudes de l'élégance de nos voisins ne cesse de me dire que l'héritage de la Renaissance coule toujours dans leurs veines.

Alors oui, bien sûr, l'Italie, mais juste autour. Dernièrement vient d'être lancé *Lou Camin Nissart*, un tour du comté de 42 kilomètres, un marathon de Nice, dont pas mal de parties peuvent être faites en VTT. Un bonheur que je vous confirme pour en avoir parcouru de grands segments.

Le Tour de Saint-Jean Cap Ferra est accessible à tous les marcheurs, sans effort aucun, compter une bonne heure et demi tout de même.

Oui, mais voilà, j'en ai toujours marre et je ne sais pas quoi faire. Allez flâner au marché, trainez dans les bibliothèques et les musées — la plupart gratuits pour les locaux et avantageux pour tout le monde—. Non, vraiment, ça ne va pas, je m'ennuie, c'est existentiel.

Si c'est existentiel, lisez Sartre, non, je déconne. Quoique... Dans ce cas là, il faut traiter le corps, et il est temps d'aller vers les soins, le vague à l'âme c'est terrible. Il y a les ostéopathes, les kinésithérapeutes, les mézieriestes, il est possible de faire du shiatsu, composer un haïku, se masser le cou, nager le watsu, à mon sens, ici, réside la véritable médecine, la préventive, celle qui permet de ne pas tomber malade. Pour le reste, je crois Hippocrate, « que ta nourriture soit ta première médecine. »

Le lecteur : ça va un peu mieux, mais ça n'est pas très relaxant.

Alors, il ne reste qu'une solution, se faire plaisir. Et pour le plaisir, le plus grand, c'est le palace. Pensez à Coco Channel, qui disait, dans la vie, les plus grands plaisirs sont gratuits ou très chers.

Au moment où j'écris ces lignes, il n'existe pas de palace à Nice mais le Hyatt, le Radisson, le Negresco, le Boscolo, Le Méridien et mon chouchou le Plaza prennent tous grands soins de leurs clients. Grand n'est pas grandiose, et beau n'est pas sublime pour parler comme le philosophe. Ce qu'il faut c'est un palace, le plus proche, c'est bien sûr, le Grand-Hôtel du Cap-Ferrat à Saint-Jean Cap. Les petites cabines de piscine en bord de mer éparpillées dans la roche, c'est magnifique. Vence vient de rentrer dans le club très fermé avec le chateau de Saint-Martin & Spa, qui est un moyen d'explorer l'Arrière-Pays avec élégance.

Le Byblos de Saint-Trop 'est une valeur sûre et on ne présente plus le Cheval-Blanc, l'hôtel du Cap Eden Roc d'Antibes est peut-être le plus international, la Bastide de Gordes reste un must pour enfin écrire ce roman policier dont vous rêvez depuis des années. J'aime Ramatuelle aussi, je dois citer La Réserve et enfin dans les derniers arrivés la Villa La Coste que j'avoue ne pas connaître mais que j'ai hâte d'essayer.

Imaginez un monde où tout est parfait, oui je sais on peut aussi lire un bouquin de Voltaire sur les galets, mais comment dire... c'est pas pareil. Imaginez donc, que vous flottez de votre suite à la luxueuse piscine en attendant votre soin, massage, gommage, qu'un grand chef prépare votre déjeuner et que ce fameux ennui soit tué par un concierge —il faudrait écrire des livres sur les concierges de palace— qui décide de vous louer un petit cabriolet rouge pour aller découvrir les vignes alentour. Vous restez pour dîner, en surplomb des vignes, car le soir est délicieux et un concert de jazz se met en place, c'est Louis Armstrong qui vous électrise, c'est Chet Baker que vous fredonnez « *I fall in love too easily, I fall in love too fast, I fall in love too terribly hard, For love to ever last* », ces immortelles paroles résument bien la vie de palace, on s'y attache et c'est déjà fini. Un dernier brunch avec des œufs Bénédicte —soyons honnêtes, on ne se fait jamais des œufs Bénédicte au petits déjeuner— que vous prenez sur votre votre terrasse privée. En traversant le hall, vous plaisantez encore avec le concierge, qui vous complimente sur votre tenue. L'élégance amène l'élégance, c'est la théorie des penseurs humanistes de la Renaissance, j'y crois comme à une religion, quand on me sert un '*sour*' dans un palace.

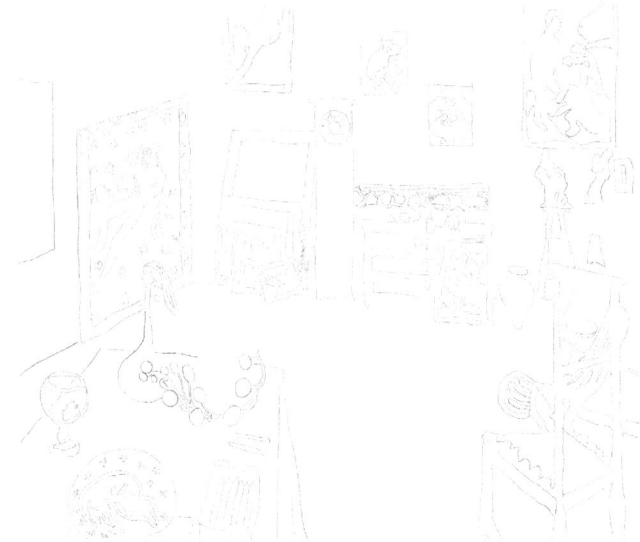

64. Nice est-elle une belle italienne?

Puorte o' calzone cu 'nu stemma arreto
'na cuppulella cu 'a visiera alzata.
Passe scampanianno pe' Tuleto
camme a 'nu guappo pe' te fa guardà!

Je plaide coupable, tout ce que je vais écrire pourra être retenu contre moi, j'aime l'Italie, j'adore l'Italie, je suis un dingo d'Italie, je crois que j'aime tout en Italie. Alors une chanson d'amour ironique, pour un humoriste romantique, c'est du pain béni.

La Napolitain de la chanson porte des pantalons avec des marques, des casquettes avec la visière relevée et klaxonne dans Tolède comme un voyou pour se faire remarquer. J'aime ce Napolitain. Je me suis installé à Nice essentiellement pour sa proximité avec l'Italie, pour son air italien, parce que ma peinture préférée est italienne au tournant du Quattrocento et du Cinquecento.

Pourquoi la fin du Quinzième et le début du Seizième siècles, et bien à cause de cette histoire.

Léonard de Vinci était cartographe, il a été jusqu'à dessiner une ville pour son ami le roi François Ier —non réalisée, mais tout de même— et il était ami avec un médecin Toscanelli, très grand grand cartographe florentin. Paolo dal Pozzo Toscanelli est resté célèbre pour avoir encouragé un navigateur génois à trouver une route « vers les pays des épices plus courtes que celle par la Guinée ». Il s'appelait Christophe Colomb. Non seulement, j'adore le génie de ce Paul le physicien, de son petit nom, mais en plus, il était copain avec Léonard, Colomb et tant de grands esprits. 1492, Colomb découvre l'Amérique, sans le savoir, il aurait commandé deux cheese naan et un poulet tandori en arrivant tant il se croyait aux Indes.

1504, Léonard attaque la Joconde. La plus belle décennie de l'histoire de l'Occident réside dans ces quelques années.

J'aime également l'Italie moderne, ma femme m'a introduit à la mode à Milan, je l'ai emmené à Venise voir des Tintoret. Dans ma jeunesse folle, je partais à Rome sur un coup de tête, pour trois jours de dégustation de vins et de mets, plus rabelaisien, tu meurs. D'ailleurs, dans ces restaurants italiens, tu meurs, puisque la générosité des services est sans fin, on veut votre bien.

Cette Italie là est omniprésente dans les rues de Nice, on a les tableaux, les belles tables, on a la vieille ville et sa douceur de vivre, très *dolce vita*, on a les scooters, on a les glaces, on a les élégants surannés niçois qui n'ont rien à envier à leurs voisins de la Botte. Nice dans son histoire a été au moins autant française qu'italienne, ironiquement, elle a gardé un aigle germanique comme symbole. Les Allemands sont les bienvenus à Nice, car tout le monde est bienvenu ici. C'est une ville de l'accueil, son amour du tourisme n'est plus à inventer. En tant que guide-conférencier depuis dix-sept ans, je vous promets qu'on ne peut pas être dans ce secteur d'activité sans aimer les étrangers. Etrangers toujours, je pense à ceux qui passent la frontière à pieds et viennent de pays beaucoup plus éloignés. Nous devons rester des terres d'accueil pour eux aussi, comme nous l'avons été pour les Italiens, 20% de la population des Alpes-Maritimes était italienne il y a cent ans.

On associe toujours immigration et pauvreté, c'est historiquement faux. Déjà, il y a les superstars, Catherine de Médicis, Mazarin, Léonard bien sûr, Goldoni l'auteur de génie et Lully pour la musique, à qui l'on doit tant. Qu'on fuit la pauvreté, la guerre ou la politique, l'immigration est un

« chemin de l'espérance ». J'ai rencontré des Américains qui fuyaient l'Amérique de Trump, par pure idéologie, pour montrer symboliquement qu'ils ne souhaitaient pas une telle vie pour eux ou pour leurs enfants. La France, n'est plus ce pays bien sûr, les politiques d'immigrations sont contrôlées et vivement débattues ce qui est normal. La prochaine fois que vous en parlez au café, quelle que soit votre position que je respecte, souvenez vous juste de l'Histoire, de cette belle valeur chrétienne qu'est la fraternité et surtout penser à Léonard et chantez :

Come te po' capi' chi te vo' bbene

Comment fais-tu comprendre que tu l'aimes

Si tu lle parle 'mmiezo americano ?

Si tu lui parle à moitié américain ?

Quanno se fa ll'ammore sott' 'a luna

Quand vous faîtes l'amour sous la lune

Comme te vene 'ncapa 'e di' I love you ?

Comment te viens à l'esprit de dire *I love you* ?

65. Pourquoi les volets sont verts, les chaises sont bleues, les façades ocres et les toits terracotta?

« Quand j'ai compris que chaque matin, je reverrai cette lumière, je ne pouvais croire à mon bonheur... Je décidai de ne pas quitter Nice et j'y ai demeuré pratiquement toute mon existence»

Cette citation un peu pâte à modeler, à savoir, que c'est une citation archi-connue du peintre Henri Matisse est toutefois la plus apte à décrire le sentiment de la ville, surtout quand on écrit un livre qui s'appelle Trouver son bonheur à Nice.

Alors, il faudrait —si j'étais un professionnel consciencieux— parler du bleu de l'azur, oui, mais azur signifie bleu, et ciel seulement par extension. Et l'azur étant un bleu, proche du Lapis Lazuli, qu'on importait au départ d'Inde et alentours, est un bleu plus foncé que le ciel clair de la Côte d'Azur. Que s'est-il donc passé dans la tête de Stéphen Liégeard, quand il a inventé l'expression Côte d'Azur. Soit, il aimait le symbole des armoiries de nos ancêtres les chevaliers, soit il préférait l'aube et l'aurore, à une terrasse en plein midi, soit il aimait la douceur du persan *lazhward*, et sa dimension intense et lumineuse. J'adore ces mots arabes incroyables, comme celui que j'utilise souvent lorsque je vais tenter de toucher le ciel, l'azimut, ce beau mot directionnel autant que mathématique qui a permis aux navigateurs de tous temps d'agrandir le monde en partant le découvrir. C'est peut-être cela l'azur de Nice, une vision infinie et une envie d'agrandir le monde en permanence.

L'autre bleu célèbre de Nice, c'est bien sûr, celui des chaises à bras de l'après-guerre, redessinées par Wilmotte.

Pour les extérieurs, je suis toujours amusé de voir que la ville propose un nuancier aux habitants pour repeindre leurs volets ou leurs façades. Le soucis d'esthétique de cette ville n'a rien à envier à la Florence Renaissante ou au Paris Haussmannien.

Ocre, Terracotta, en faux semblant et puis surtout verte, Oliviers, vignes, oeillets, caroubiers, grenadiers, figuiers, camphriers, bambous géants, Phoenix reclinata, fougères arborescentes, les senteurs et les couleurs de la nature surprennent à Nice. L'Ocre, rouge, brune ou jaune est utilisée depuis notre ancêtre, l'homme de Cro, l'homme de Ma, l'homme de Cro-magnon comme dit la chanson. Terracotta, terre cuite en italien, pourrait sembler plus simple à définir, mais j'aime son énoncé par la société des chrysantémistes,

« couleur la plus ordinaire des poteries antiques en terre cuite ; le ton clair se retrouve souvent dans la poterie et la statuaire actuelles », comme quoi, même un dico peut-être chic.

Une petite dédicace à ma couleur niçoise préférée, le rose du ciel. Certains soirs, l'orange se mêle au rose pour un festival de couleurs digne du carnaval de la ville et il est juste impossible de ne pas aimer ce feu, qui nous rappelle que Prométhée a été le voler aux dieux de l'antiquité.

Feu toujours, on sait que c'est un fléau de notre région, je profite de ce livre pour saluer le travail des pilotes de CL415 qui larguent des tonnes d'eau pour préserver nos forêts et nos vies. Pourquoi je pense à eux, pour la transparence de l'eau et son absence de couleur, mais surtout pour la couleur terracotta de cette eau à laquelle ils ajoutent un oxydant qui ralentit la combustion des arbres et leur permet de repérer les zones qu'ils quadrillent. Bravo à la sécurité civile pour leur incroyable boulot. J'arrête, vous allez rougir!

66. C'est quoi une cagole?

J'ai déjà nommé quelques célébrités niçoises dont La Belle Otero, qui disait « la fortune vient en dormant... mais pas seule. »

Si les tous les garçons sont beaux à Saint-Tropez comme dit la chanson, Nice est une ville de la séduction, de l'éros, de la fusion, de la drague, n'ayons pas peur des mots, en un mot de l'amour. Et comme disait le poète d'un air grave, avec un coup dans le nez.

Je fuis, pâle, défait, hanté par ton linceul,
Ayant peur de mourir, dès que je couche seul.

Mallarmé n'était pas très Saint-Tropez quoiqu'il faisait la bombe tous les mercredi rue de Rome, allez savoir.

Et puis Madame Claude qui a connu des soirées plus belles que les autres, en plus de Marlon Brando et Pierrot le fou — notre John Dillinger— ont tous aimé à Nice ou au moins aimé Nice.

Les cagoles ne sont pas sur la Promenade en train de marcher 'patein 'en cercle 'peri', au point qu'ont attribue à ces Niçoises le nom d'après les élèves d'Aristote, les péripatéticiens, les péripatéticiennes, sans aucun rapport (et avec rapports) avec les métaphysiciens du premier lycée de l'Histoire et pourtant elles exercent le plus vieux métier du Monde. Après cette parenthèse, il est temps de parler des femmes à séduire, car la meilleure partie de l'amour c'est quand on monte l'escalier. Cette paraphrase nervalienne, pas super romantique, explique le besoin de séduction, sans séduction, pas d'amour, pas de passion, d'où la nécessité selon un fameux texte grec, Est-il bon que femme se farde. Aristophane, dans sa Lysistrata, fait faire la grève du sexe aux femmes pour stopper la guerre du Péloponnèse. Revenons aux cagoles. La définition n'est pas flatteuse, c'est la femme du sud qui affiche une féminité provocante et vulgaire. Déjà, il faut définir provocant et vulgaire. Provocant et vulgaire ont mainte fois été attribués à ma masculinité, je suis donc un *cagol*.

La féminité, voilà bien la vraie définition philosophique, dont je ne cesse de tenter de déterminer les lignes. Qu'est-ce que la féminité? Me voilà tout philosophique. Je dirais que les Niçoises... non, je déconne, vous êtes fous, vous voulez que je me fasse lyncher. Parler de la féminité dans le premier quart du XXIème siècle, autant sortir dans la rue sans masque étouffe-chrétien pendant que vous y êtes, désolé, les blagues de la pandémie vont vieillir vite, il faut les faire maintenant.

La féminité, c'est un peu comme le voyage, je crois que le cliché est toujours aussi menteur que juste. Comme le disait le regretté Jean-Claude Carrière dans son Dictionnaire amoureux de l'Inde, le cliché doit être évité au moins autant qu'il doit être embrassé, on peut appliquer cette phrase à la féminité et si l'on était fou on l'appliquerait même aux femmes.

Cette fois, c'est sûr, les rues de Nice ne seront plus jamais sûre pour votre auteur.

67. Doit-on compresser toutes les bagnoles?

Jeune homme, je visite mon oncle, toujours l'oncle Jacques, avec ce bonheur multiple à l'idée de rencontrer un type bien décalé, qui a une piscine et des sculptures, des peintures et des livres d'art partout. Ce jour là, il y a plus.

L'histoire commence à Nice, où il descend fréquemment voir les artistes avec lesquels il travaille, Kijno, César, Arman, Ben, il a même rencontré Chagall, c'est vous dire.

Sur le chemin de la plage, il admire une bagnole, une belle bagnole, une très belle bagnole, une Jaguar Mark II, 1960, avec un capot crème, alors signature du modèle. La voiture de Jean Bruce, papa d'OSS 117 et grand amateur de Côte d'Azur.

Il dit à ma marraine d'avancer vers la plage et qu'il la retrouve. Il passe la journée près de la voiture, le propriétaire descend, il lui dit, je vous l'achète. Il n'est pas allé à la plage ce jour là, mais il est venu chercher ma marraine, au volant de celle qui fut un temps nommée, la plus belle voiture du monde.

Pourquoi cette histoire? parce que Nice, c'est une ville de bagnoles. J'espère qu'on m'excusera ce mot un peu voyou, mais voiture fait salon, véhicule me rappelle le permis de conduire et une caisse, pour le coup, c'est vulgaire.

Un ami m'écrivait dans une lettre, il existe deux catégories de dragueurs à Nice, ceux qui ont une décapotable et ceux qui font des *wheelings* avec leurs scooters. C'est toujours assez juste. J'ai eu la chance de traverser les États-Unis dans une Ford Mustang décapotable de New York à Los Angeles, ça reste un souvenir vrombissant. J'ai acheté une Ambassador à Pondichéry, ce qui se rapproche le plus de la Jaguar de l'oncle Jacques, la vitesse et la sécurité en moins, mais l'élégance d'une « anglaise » toujours présente.

Nice, c'est le Grand prix automobile de Nice, quasi centenaire, s'il avait vécu. Ce grand prix est l'invention du plus vieux club régional au Monde, l'Automobile club de Nice ouvert en 1896. La belle bagnole c'est une tradition. Il est amusant que ce soit une association de cyclistes qui ait fondé ce club au café de la Victoire.

Au nombre des exploits de l'ACN on compte, le premier concours d'élégance automobile 1898 et la première course de côte au Monde en 1897. Chic et vite pourrait être son slogan.

Pour voir des bagnoles en état de grâce. Je conseille « La Tulipe », soit une Triumph Spitfire dynamitée par Arman ou la Dauphine écrasée à la presse industrielle par César. Le tout est au Musée d'Art moderne et Contemporain bien sûr.

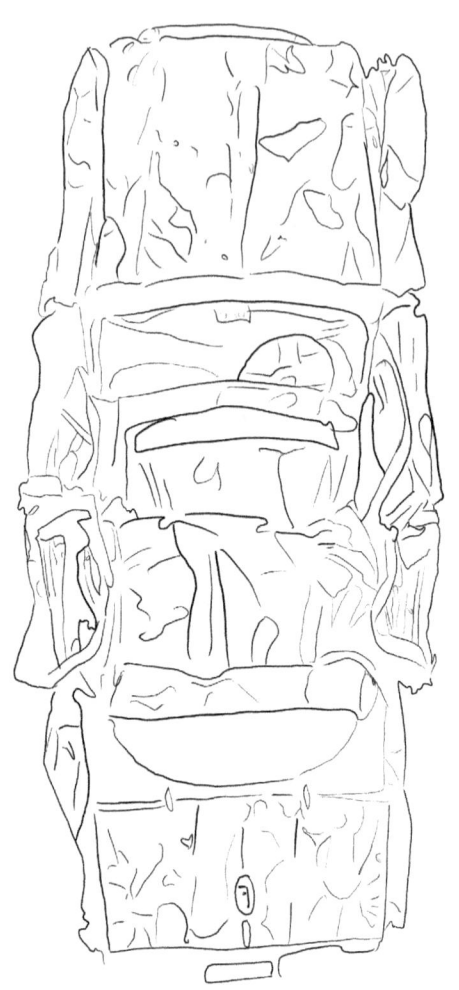

68. Les écrivains sont-ils des touristes comme les autres?

Au Dix-neuvième siècle, le joli mot de touriste n'existant pas en provençal, c'est le mot d'Anglais qui va s'imposer. Même pour les Anglaises, dont Dumas disaient qu'elles venaient se cacher à Nice pour mourir. Ce qui peut-être également vrai des Américaines, avec le cas tragi-comique d'Isadora Duncan, dont la longue écharpe va fatalement se prendre dans la roue d'une belle Bugatti. Ça reste plus chic que le sanatorium.

Elle avait animé cette étoffe jusqu'à la rendre vivante pour mettre en mouvement les mots de Jean Cocteau, un autre poète souvent à Nice.

Maupassant, passa son dernier réveillon du jour de l'an, Villa Ravenelles, 140 rue de France, et s'il habitait à Cannes, sa belle aventure russe, Marie Bashkirtseff était emblématique de cette aristocratie niçoise qui fait encore le bonheur — et soyons honnête, la fortune — de Nice, un siècle et demi plus tard. Après avoir adressé à l'auteur du Horla une lettre anonyme, il répondit :

« Vous pouvez être, il est vrai, une femme jeune et charmante dont je serai heureux, un jour, de baiser les mains ?

Mais vous pouvez être aussi une vieille concierge nourrie des romans d'Eugène Sue ?

Vous pouvez être une demoiselle de compagnie lettrée et mûre et sèche comme un balai ?

Au fait, êtes-vous maigre ? Pas trop, n'est-ce pas ? Je serais désolé d'avoir une correspondante maigre. Je me méfie de tout avec les inconnues.

Êtes-vous une mondaine ? Une sentimentale ? ou simplement une romanesque ? ou encore simplement une femme qui s'ennuie - et qui se distrait. »

Une correspondance anonyme sur des années donnera naissance à une petite aventure, que j'aime le XIXème siècle pour cela. Je n'ai rien contre adopteunmec.com, mais bon, ça n'est plus la même époque. Marie écrit dans son Journal, en anglais « I love Nice », techniquement, elle est l'autrice du Hashtag #IloveNice, elle qui avait peur de disparaitre sans laisser de trace, c'est réussi.

Nabokov, un autre russe et également un homme international, habita Nice à l'hiver 1960-61, il y commença Lolita, dont Graham Greene —une figure locale— écrira dans le Sunday Times qu'il était un des meilleurs livres du moment, il est considéré aujourd'hui comme un des plus grands romans du XXème siècle. Nabokov, lépidoptériste compulsif, travailla dans les vignes de Nice, après l'assassinat de son père par les fascistes et son rejet par sa fiancée, comme quoi l'âme du vin danse vraiment dans les bouteilles.

Graham Greene sur qui cracha la presse locale, quand lui vint l'idée de dénoncer la corruption des élus, le déclarant comme à peine un écrivain. Ressentiment, quand tu nous tiens. Son J'accuse Nice a été interdit en France mais ça n'est sans doute pas lié au fait qu'il s'intéressait aux grandes affaires criminelles de la Côte d'Azur, de la guerre des casinos à la disparition d'Agnès Leroux jusqu'au " casse du siècle " de Spaggiari.

69. Le feu sacré de l'architecture est-il niçois?

Attention, là c'est le moment d'en prendre plein les yeux, pas la peine d'aller à Versailles, parce que Nice, c'est Versailles en mieux.

Je commence par un classique du XVIIIème siècle, le palais Corvesi, a.k.a. le plus bel escalier de nice, marches en marbre, voûtes d'arêtes plates décorées de moulures, on a l'impression de décrire une robe ou une pâtisserie d'ocres et de gris.

Petit saut dans les XVIème et XVIIème siècles avec le Palais ducal du cour Saleya. Gypseries, pilastres monolithes à chapiteaux ioniques, volutes enguirlandées, pilastres avec frises et corniches rehaussées de denticules, et je ne parle pas des bossages qui habillent si élégamment les pierres de taille du rez-de-chaussée. Alors, oui, je vous l'accorde, il faut un peu un dictionnaire de l'architecture pour avoir une vision, le plus simple, c'est d'essayer de rentrer.

Mon coup de cœur en terme de portes revient au palais Céva, oyez, oyez bien, gentes niçoises, gentes niçois, même pour le temps d'une minute. Les montants moulurés et le tympan à l'imposte trilobée sont caractéristiques du baroque tardif et de son encadrement mouvementé, l'architecture faut se la mettre en bouche. Le baroque, ce mot en soit a fait couler des mers entières d'encre est simplement issu de barocco, perle irrégulière. C'est là qu'on voit que Nice est Italienne, puisque la France a longtemps été fâchée avec le baroque. Le Palais des Galléan de Châteauneuf, trop important n'a que partiellement survécu, mais on peut ainsi le phonétiser. Façades enduites et pierres appareillées au rez-de-chaussée, on aperçoit quelques corniches et cordons mais le vrai miracle, c'est la porte surbaissée, du 4 rue Malonat, avec sa ferronnerie d'imposte, une merveille.

On s'échappe à Florence avec le palais Lascaris du XVIIème, un beau baroque qui cache une collection d'instruments anciens. Le fronton brisé est vraiment mon moment favori en architecture et quand il est curviligne, c'est la cerise sur le gâteau. Le fronton brisé de l'ancien palais communal de la place Saint-Pierre date de la fin du XVIIème siècle même si le bâtiment est vieux d'un siècle de plus.

Et le prix de la plus belle porte cochère revient à... il faudrait être en smoking sur une scène pour remettre de tels prix. Bruit d'enveloppe qui s'ouvre, souffle retenu de la salle... Le Palais d'York, que je ne peux m'empêcher de lier au début de Richard III, que j'ai appris par cœur, par un jour de pluie ou d'ennui.

Now is the winter of our discontent

Made glorious summer by this sun of York.

Et le soleil de cette porte est illuminé par ses bandeaux moulurés et ses balcons, ses petits carreaux soutenus de meneaux de bois s'amuse délicieusement sous la frise de rebord du toit. Observez et délectez vous comme une abeille d'un nectar des trois coupoles sur pendentifs qui volutent sous le balcon (voluter ne veut rien dire, mais hein, ça va, moi aussi je peux balancer des mots savants) qui se se décline dans une subtile ferronnerie dans la grille d'imposte. Ce style rocaille est assez unique pour Nice, il reste un choc esthétique.

À la petite bibliothèque de Nice [située dans le palais Hongran, où séjourna Napoléon au 1er étage], j'ai lu avec volupté L'histoire de la Provence de Nostradamus et m'inquiétais du Fraxinet des Sarrasins, loin des musiques, des confettis de plâtre et des chars carnavalesques. Ce sont les mots qu'Apollinaire écrit à Madeleine du Palais Hongran. Sa dynamique façade du XVIIIème siècle abrite un énorme escalier à jour central et quatre noyaux à colonnes superposées, repeint Art Nouveau au XXème siècle, c'est toute un pan de l'histoire de l'architecture qui défile en descendant les larges volées de marches.

70. Nice est une femme fatale. Oui, mais la quelle?

Femme Fatale de Brian de Palma est dans la mémoire à Cannes mais il a également été réalisé à Nice, et j'avoue, je l'aime parce que j'ai deux copains à la distribution, Salvatore et Valérie, bravo les amis.

Woody Allen tourne une scène de Magic in the Moonlight à Nice et pas n'importe où, dans l'Observatoire de Garnier et Eiffel, *so chic*.

Plus célèbre encore, si c'est possible de faire mieux que Woody et Brian avec Ocean's Twelve, la deuxième aventure des Brad Pitt, George Clooney, Matt Damon et je n'ai pas assez de place pour mettre tout le casting. Encore mieux, ou du moins, aussi drôle, à la fois indépendant et célèbre, le faux biopic de Cousteau Life Aquatic, avec Bill Murray et l'inoubliable bande originale de Seu Jorge reprenant David Bowie. The Bucket List avec Jack Nicholson et Norman Freeman, Bonjour tristesse, The Jewel of the Nile, Swordfish, La liste de mes envies, Mathilde Seigner et Marc Lavoine, simple et efficace. Coco & Igor, biopic sur Stravinsky, célèbre réfugié Niçois et la plus grande créatrice de tous les temps, interprété par mon actrice préférée, Anna Mouglalis. Les Murs porteurs avec MiouMiou et Charles Berling que j'ai eu la chance de rencontrer quelques fois. Le Petit Lieutenant avec

Nathalie Baye, Mimi de Claire Simon que je trouve être une grande réalisatrice française. Isabelle Adjani, Sami Frey et Samy Naceri —qu'on a volé à Marseille— dans La Repentie. Cette liste m'a donné soif, il est temps d'aller au bar américain du Ruhl, pour descendre un Stars and Stripes, le cocktail à la mode à la libération, qui recréait les bandes du drapeau, on promettait alors les étoiles après avoir bu.

En parlant de liberté, il faut imaginer les premières images animées tournées pendant le carnaval projeté rue Garnier (l'actuelle rue de la liberté) le 28 février 1896. Et Nice prouve qu'elle est vraiment une terre de cinéma avec son salon indien, qui projette le 28 décembre 1895, le premier film muet. Et puis j'adore les noms des premiers cinémas, c'est idiot ce que je vais dire, mais même les noms des cinémas sont cinématiques. L'Eldorado, l'Eden, l'Idéal, le Palace...

Autant de noms qui me font songer au film de Jean Vigo, à propos de Nice, avec la femme en blanc, en noir, et toute nue, qui avait du surprendre nos ancêtres en 1930. On dit qu'elle est nue, elle a conservé ses chaussures, c'est un détail mais si on commence à ignorer les détails dans les tenues vestimentaires, est-ce encore la peine de s'habiller?

71. Nice de Nikaïa ou de Nissé? Un problème nietzschéen!

«Bacchus, après avoir traversé le Cancer, s'approche de la forêt voisine, qu'habitait une jeune nymphe nommée Nicê, avec qui il a commerce et dont il a un fils, auquel il donne le nom de Terme[...]. Il bâtit dans cet endroit la ville de Nicée, ou de la Victoire, appelée ainsi du nom de cette nymphe », écrit l'historien Dupuis en 1835.

Déjà Bacchus, qui est le dieu préféré des Français —le dieu toujours avec un coup dans le pif— ne peut qu'être sympathique, sa définition et ses attributs sont un peu plus complexes, mais sa représentation de la Renaissance au Classicisme nous le fait apparaître ainsi. Donc Bacchus traverse le cancer, j'ai des copains qu'on traversé le cancer, c'est pas une partie de plaisir, mais c'est vrai qu'à la fin s'il y a une nymphe, ça vaut peut-être le coup de se battre un peu. « Avec qui il a commerce », comme ces choses là sont élégamment dîtes, « avec qui il a commerce », tu ne dis pas ça à ton premier rendez-vous Tinder, ou bizarrement y'a des mecs qui s'appellent Baccchus7639. Histoire mythologique toute mignonne mais peu probable. Cette histoire de victoire est chère à beaucoup de Nissarts et pourtant elle est fausse, puisqu'on n'en conserve aucune trace, victoire de qui sur qui? Des Phocéens sur les Ligures ou Etrusques peut-être, c'est vague, c'est très vague. Je pense comme Luc Thévenon, que ces Phocéens du Moyen-Orient ne souhaitaient pas coloniser le sud de la Gaule mais y ouvrir des comptoirs pour y exercer le commerce. D'où règne une confusion avec les Romains, venus en colonisateurs 200 ans avant Jésus-Christ. Cette théorie se trouve confortée par des historiens depuis un temps qui rend l'explication de plus en plus académique, et cette explication est la suivante. Point de Niké la victorieuse —même si c'est con, ça lui allait bien à Nice, la victorieuse— mais Nitché, ça se prononce comme Nietzsche, pour ceux qui se souviennent de leurs cours de philo. Cette Nissé —prononcez Nitché, donc— aurait pour origine la fontaine du château, source originelle qui incita ces Phocéens à ouvrir boutique ici, en plus d'Antibes et de Monaco. C'est bien la première fois que Bacchus — Dionysos pour les intimes— me donne envie de boire de l'eau. On peut aussi en faire des glaçons, vous me direz et vous n'avez pas tort. Une chose est sûre, c'est rafraichissant de savoir que l'histoire progresse, qu'on continue de faire des découvertes sur nos ancêtres des cavernes, des civilisations passées, et que —c'est l'historien qui parle— rien n'éclaire mieux le futur que le passé. Et comme le futur qui devient le passé, c'est la définition du présent, alors carpe diem et tous à la plage pour aller se baigner. Profitons de la vie quelle que soit notre origine, méditerranéenne, phocéenne, hellène, ligure, étrusque, africaine. On peut dire en étant sur de ne pas se tromper La Bella Nissa et Mare Nostrum.

72. Mimosa, lavande ou coquelicots?

Mimosa, on fête cette année la naissance du cocktail inventé au Buck's de Londres, un tiers de jus d'orange fraichement pressé et deux tiers de champagne dans une flûte et le tour est joué... on a une excuse pour se mettre bien dès le petit déj'. Si on le prend tard, on dit que c'est un brunch et du coup, c'est même socialement acceptable de se mettre un coup de bouteille dès le saut du lit. Cool, je ne cherche à faire culpabiliser personne, je ne voulais pas parler des fleurs de ma région, en commençant avec une ambiance Nicolas le jardinier et des grosses moustaches vertes. En plus, je m'appelle Verdure et j'en vois déjà deux ou trois qui s'apprêtent à se foutre de ma gueule.

Le mimosa, le vrai, le mimosa d'hiver connu des latinistes sous le nom de *Acacia dealbata* —vous le saviez déjà, mais je le rappelle— est un arbrisseau qui fait la joie absolue des enfants. Je ne sais pas ce qu'il y a dans la couleur jaune, le jaune d'œuf, le poussin, oui, je sais c'est lié, les voitures de sports, j'ai pas mille exemples non plus, mais le jaune n'est pas du tout une couleur neutre. Psychologiquement, on lui a targué les pires attributs, la couleur des cocus, la jaunisse, la maladie, j'en passe et des meilleures et pourtant le Mimosa c'est l'arbre de Nice.

Et la fleur? Dès le XVIème siècle, Girolamo Muzio dit que les Niçoises" apparaissent ornées de fleurs et de verdure (…) ; il n'y en a pas une qui n'ait des bouquets de fleurs aux oreilles et dans les tresses, et de ça et de là, et sur la tête si bien qu'on voit habituellement chacune d'elles décorée de six ou sept bouquets de fleurs (…) ".

On retiendra que les Niçoises s'ornent de Verdure, ça fait ma journée, on a les plaisirs qu'on peut. Il précise toutefois qu'elles portent des œillets, de violettes et des rameaux de pommiers fleuris. Aujourd'hui encore, toutes les Niçoises sont comme ça… je me moque de Girolamo mais le pauvre ne savait pas qu'il était arrivé en plein carnaval. Imaginez un extra-terrestre qui arrive à Nice aujourd'hui, il rentre et on lui dit:

- Alors, les filles avec des fleurs partout, la bamboche tout le temps, c'est vrai?

Non, ils portent tous des masques, ils font la gueule, les Fdp t'hurlent dessus à longueur de journée et à 19h, tout le monde coucouche panier comme des clébards.

Là, on est tombé sur un extra-terrestre con, qui ne savait même pas qu'il y avait un virus, je reconnais que je suis un peu de mauvaise fois, mais comme disait un copain humoriste, « c'est pas moi qu'ait commencé. »

Dans le siècle suivant, Pastorelli parle des « suaves fleurs d'une infinité d'orangers, citronniers, cédratiers et autres arbres qui y poussent en tout temps grâce à la douceur de l'air ». Encore un siècle plus tard, l'Écossais Smollet décrit « des massifs de roses, d'œillets, de renoncules, d'anémones, d'asphodèles en fleurs » . On a bien compris que je pourrais citer des tonnes de mecs qui s'y connaissent en fleurs, comme je m'y connais en pronosupination (une passion de Léonard de Vinci que j'aime bien citer). Toujours est-il qu'il est prouvé que depuis que l'homme est homme et que la femme est femme, en gros depuis qu'on est sorti des cavernes pour se saper un peu correctement et vivre dans des bicoques et plus dans des yourtes, bref depuis les débuts de la civilisation à Babylone, on s'accompagne de fleurs coupées et odorantes.

Même Pline l'ancien, qui parle de Nice dans son Histoire Naturelle, dit tout le bien qu'il pense des fleurs comme agrément et comme médecine et si vous n'avez jamais eu les Plines en bouche, je vais devoir citer un autre humoriste, Desproges qui explique l'histoire romaine mieux que personne :

« Qu'ajouter encore sur Pline l'Ancien et sur Pline le Jeune que l'on ne sache déjà ? Que le premier était naturaliste et que le second, son neveu, périt dans la terrible éruption du Vésuve qui raya de la carte Pompompéï et Janculanum ? »

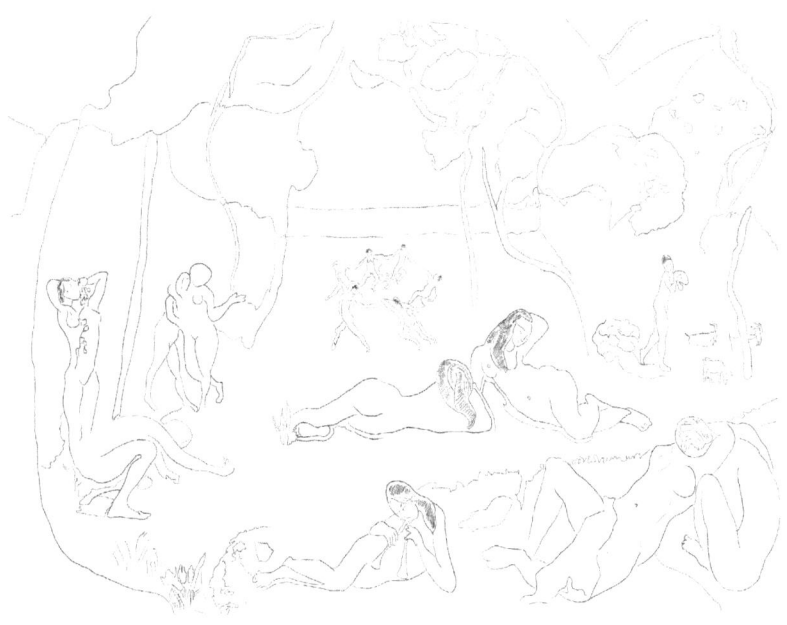

73. Suis-je copain avec Brice de Nice?

C'est la noyade qui m'a sauvé des eaux. Je m'explique, de part mon intérêt pour l'histoire de l'art et mon métier de guide-conférencier, j'ai un jour souhaité associer mon amour des Impressionnistes à la pratique du surf. Idée étrange s'il en est et pourtant, ni une, ni deux, je mets ma planche sur ma voiture, rapportée de l'époque où j'enseigne le surf et le stand up paddle sur la plage de Pondicherry en Inde, lieu de ma résidence d'alors.

Tout le monde connait les falaises à Étretat et la fameuse Manneporte immortalisée par Claude Monet, et bien figurez-vous que c'est un haut lieu des surfeurs normands. J'ai surfé mais j'ai été emporté par les courants et j'ai bien cru ne plus être là pour raconter cette histoire.

Un autre surfeur, sinon plus talentueux, au moins plus légendaire, est Brice de Nice, interprété par Jean Dujardin.

Ma réplique préférée du film est quand il sort de la terrasse du café et que les Niçoises en terrasses disent:

Y'a des surfeurs à Nice?

Un, y'en n'a qu'un.

L'idée loufoque du film est énorme, le personnage créé par Jean Dujardin reflète bien la population qui est un étalage de toutes les classes sociales. J'arrête, on pourrait croire que je rentre en campagne. Et puis mon amour de Body, a.k.a. Patrick Swayze dans Point Break, m'a donné comme Brice envie de surfer. Ma tignasse blonde et mon besoin —pas toujours justifié— de dire des conneries en public m'identifient complètement à Brice de Nice, je réalise en écrivant ce chapitre, que je suis sans doute la réincarnation de Brice de Nice. Après des années où tu traines tes guêtres en Inde, t'as le droit de te réincarner.

La moitié du chapitre à raconter n'importe quoi, c'est pas de ma faute, j'ai un véritable amour de la blague potache, de l'humour non-sens, des personnages complètement irréels. On se moque de Dujardin, créateur de Brice, mais des mecs comme Molière ou Shakespeare ont inventé des caractères aussi fous que Brice, et le mot est lâché. La folie est une dimension essentielle dans tous les grands personnages célèbres ou inventés (et au bout d'un moment, c'est pareil). On pensait que Van Gogh était fou, que Léonard était fou, Hamlet, Arlequin dans le théatre italien, le personnage fou est pour moi, une des plus grandes créations de la pensée humaine.

Plus sérieusement, on peut surfer à Nice. Déjà on peut faire du Stand up paddle, et j'adore l'explosion de ce sport de rame. En plus on peut attendre la vague de seize heures, celle qui se jetait sur la plage de l'hippodrome à Cagnes sur mer, apparement disparue, elle était complètement surfable. Et quand les dieux de la vague —incluant Body— décident de réunir les subtiles éléments de la houle, alors il y a la gauche de Cap 3000, un short break violent dans une eau maronnasse qui n'inspire que les meilleurs surfeurs. Oui, on peut surfer à Nice, ça farte?

Les sports de glisse sont sans fin, avec le ski nautique, légende de la Méditerranée, le kite surf, la wakeboard, le parachute ascensionnel et mon préféré de tous car c'est du fun qu'on peut partager, le boudin, que je recommande particulièrement aux végétariens.

74. Comment perdre de l'argent à Nice?

Mon parrain Jean-Michel, qui est un homme d'équitation, me raconta qu'il avait organisé des courses —pour turfeurs endimanchés— de petits poneys à l'intérieur d'un casino. J'ai toujours imaginé, les élégants en smoking chevaucher ces petites montures, et l'assistance se glousser joyeusement de ces récréations et joyeux devis, pour parler comme Bonaventure des Perriers.

Je ne suis pas joueur et cette passion me semble aussi étrange que celle de Léonard de Vinci pour la pronosupination, ou que celle des it girls pour le selfie mais j'ai quelques parties de poker à mon actif et l'ambiance des casinos est unique.

James Bond est indissociable du casino, au point que le personnage est né dans le premier roman de Ian Fleming sur 007: Casino Royale.

Nice, c'est un peu le James Bond de la Riviera, pas un jour sans croiser une belle Anglaise —une fille ou une voiture— oui, je sais c'est pas très élégant comme comparaison, mais c'est pour parler de ma James Bond girl préférée, la première actrice à renvoyer la parole à Roger Moore, lequel triche de façon éhontée aux cartes pour séduire cette belle anglaise aux yeux vairons, Jane Seymour.

Les casinos avant-tout c'est une ambiance et il est difficile de dissocier Nice du Casino Ruhl, sans être joueur, son café est un endroit particulièrement appréciable pour une pause climatisée en plein été. Les casinos offrent également des scènes et en tant qu'humoriste, toutes les planches sont bienvenues, sauf les planches pourries ça va sans dire.

Quand on pense Nice et Casino, on a forcément un regard dans le rétroviseur, et le meilleur moyen de revivre l'extraordinaire aventure architecturale de la Prom', c'est la Jetée-Promenade détruite en 1944. En 1880, le casino sur pilotis est débuté, difficilement, mais toutes les belles histoires d'amour commencent mal, en général. Je le répète, l'architecture, c'est comme l'amour, en parler c'est l'adopter. 250 piliers de fonte creuse, une estacade de soixante mètres, une coupole culminant à 25 mètres de hauteur, inspirée du Crystal Palace de Londres, how chic, pour un total de 6500 mètres carrés de surface sur la Méditerranée. Ce palais flottant est un délire de ses créateurs. De salle en salle on change de monde, on est en Orient, au Japon, chez les Turcs, chez les Maures et même en Inde si l'on veut. Je le dis souvent quand je donne des conférences sur l'histoire de l'art, il n'y a pas d'art sans argent. Si l'argent vient du jeu, cela reste de l'essence pour la grande création de l'humain, la preuve de l'existence de Dieu —c'est pas moi qui le dit, c'est Kant— et cette création, c'est l'art.

La ville de Nice n'est pas en reste en créant le casino municipal qui trôna un siècle place Masséna. Django réveille la musique en y créant le jazz manouche. Après Reinhardt c'est le plus célèbre trompettiste du monde qui viendra y inventer le *scat*, Louis Armstrong et ses onomatopées endiablées. *What a wonderful World* comme il le disait, on a l'impression de vivre alors dans le meilleur des mondes.

Le casino du palais de la Méditerranée offre bien des promesses de richesse sur la Prom'. C'est le troisième « Palais des fêtes » comme on les nommait à l'époque, qui ouvre en 1929. J'aime tellement ce bâtiment qui rappelle le Garde-Meuble de la place de la Concorde et l'Opéra Garnier. Quel joli coup d'architecture des Dalmas père et fils, qui comme le disait si bien Mallarmé, savaient qu'« un coup de dé jamais n'abolira le hasard ».

75. Et dans la ville, il y a des cactus?

La plus célèbre *bugadiera* du Monde —après, c'est pas une compétition non plus— est à n'en pas douter Catherine Ségurane. Bugadiera, c'est la lavandière en niçois.

La bugadière, de *bugada* la lessive, de la même origine que buée, la lessive qui nomme nos fameuses buanderies. Je n'ai pas une passion pour la lessive mais j'insiste un peu sur ces termes parce qu'ils forment la définition de notre société, en particulier dans le Sud. En effet, dans le monde paysan, de la fin du Moyen-âge jusqu'au XXème siècle, il n'y avait que deux grandes buées —ou *bugades*, ici— au printemps et à l'automne, qui étaient les moments où on lavait vraiment les vêtements. La blanchisseuse et la repasseuse n'apparurent qu'avec le besoin des vêtements qui nécessitaient d'être formés, pliés, empesés et qui constituent aujourd'hui l'univers de la haute couture. Tout ça pour parler de fleurs et en particulier de la lavande.

Passion de Claire, ma grand-mère, qui ne voulait habiter dans l'Arrière-Pays que pour la lavande. J'ai un amour héréditaire pour la lavande, la couleur mauve en peinture m'a toujours fasciné, et rien ne me fait plus plaisir que la vue d'un champ de lavande.

Le lecteur : C'est pas plutôt provençal, la lavande?

Eh bah, non, bam, encore une gifle aux clichés. Cela dit, c'est plutôt dans les hauteurs qu'on trouve les fameux champs de lavande, mais la lavande pousse partout.

Si en vous promenant dans un champ, vous vous faites piquer par un de nos amis colonisateurs, pas de panique, la lavande soulage la piqûre, de même que le coquelicot et l'aloe vera, après pour couper l'aloe vera, si vous n'êtes pas équipés d'une machette lors de vos promenades, bon courage.

En parlant de plante qui pique, j'ai envie de chanter, et dans mon slip, j'ai mis des cactus. La célébrissime chanson de Dutronc l'ancien, c'est un peu comme les Pline dans la famille, je voudrais le père. Celui qui faisait le Jacques avec sa chanson nous rappelle combien nous sommes sur une terre de cactées. Ces cactacées —leur nom un peu tapis rouge— se trouvent d'un centimètre à vingt mètres de hauteur et sont les plantes fleuries les plus intrigantes du Comté. J'aime ceux qui ont l'air d'être là depuis la nuit des temps, impassibles et qui contemplent l'avancée du Monde. J'ai l'impression que les plantes nous contemplent, il est vraiment temps que je reprenne contact avec mes semblables ou que je sorte de la bibliothèque, ceci n'est pas une blague, venez me chercher. C'est un appel au secours d'humoriste *Mayday, mayday, mayday*!

Quand la vie —culturelle— est menacée, il est temps de mettre des cactus dans nos slips, de libérer le suc que nous avons accumulé durant cette longue hibernation, vive le printemps des poètes!

76. Comment skier et se baigner le même jour?

Il n'est pas beaucoup d'endroits sur la planète où on peut skier et se baigner le même jour. À Nice, on peut. De même que j'ai déjà avoué mon amour pour le musée Masséna, où j'aime contempler le chef-d'œuvre de Bréa, puis piquer une tête, puis aller voir une œuvre Second Empire, puis piquer une tête, puis aller fouiller dans les archives pour écrire des bouquins ou préparer des conférences ou des vidéos pour ma chaine YouTube, puis piquer une tête, avant d'attaquer la pause en terrasse bien méritée avec les copains.

Quand on habite à Nice, on se rend très vite compte qu'on est bloqué entre l'Italie et la Provence, c'est un peu comme d'être bloqué entre le fromage et le café, ça veut dire qu'on en est au dessert et que c'est du bonheur ou du moins mon bonheur et j'espère le vôtre.

Vous n'aimez ni la mer, ni la montagne, et bien, c'est fou, mais vous pouvez quand même trouver votre bonheur à Nice, à l'ombre des murs de la vieille ville, dans l'art culinaire, théâtral, musical et même dans le shopping.

Mais là n'est pas le sujet, le sujet c'est le ski et la baignade. Baignade, attention, ça descend raide à Nice, il faut être prêt à nager tout de suite, il existe des plages surveillées, on n'est jamais trop prudent surtout avec des enfants et/ou un coup de rosé dans le nez. C'est l'ancien prof de surf qui parle. Ce livre, c'est n'importe quoi, c'est l'éloge de l'apéro à chaque page. C'est faux, je parle de Bacchus qui boit de l'eau, je suis donc chat perché et maison magique pour parler comme les enfants quand ils sont à court d'argument mais que ça fait parfaitement sens pour eux. *Alice au Pays des merveilles* si je veux donc.

On se sèche en dix minutes au Soleil, on a mis sa voiture au parking, dont la première heure est gratuite, c'est vraiment une énorme offre de la ville, bravo les gars, votre voiture est fraîche comme la bière que vous ouvrez, non, je plaisante, comme le vin chaud que vous allez prendre dans deux heures en haut des pistes, les premières stations, sont vraiment à 90 minutes tout compris, le temps de chausser les skis, et de sauter dans une remontée et littéralement deux heures plus tard, vous contemplez toutes les Alpes de Haute Provence, une expérience à tenter une fois dans sa vie. Nice-Isola 2000 c'est moins de deux heures et demi de train, donc vraiment ne vous privez pas.

Il faudrait tenter une expérience et rentrer par le dernier train, pour se faire un petit bain de minuit, après tout, la neige, c'est aussi de l'eau.

77. Êtes-vous plutôt Burkini ou topless?

Tout savoir pour bien se baigner à Nice. J'ai déjà un peu parlé des plages, ici, je suis là pour parler du style. Déjà, une question qui m'a toujours taraudé, on se baigne depuis quand à Nice?

Apparemment, c'est à partir du XVIIIème siècle que les médecins décident que la baignade est bonne pour la santé.

Quoi? On ne se baignait pas avant! Si, mais la baignade n'était alors pas scientifique, là vous pouvez y aller, c'est garanti, c'est métaphysique pour parler comme Aristote.

Dès les années 20 du XVIIIème siècle, on semble se baigner pour tout un tas de raisons, comme de faciliter la fertilité des femmes stériles et augmenter la taille du p***s, bon, je déconne pour la taille, mais pour la fertilité, c'est une vraie croyance scientifique.

Et là, le miracle se produit en Angleterre ça devient tendance, le mot it girl, n'est pas British pour rien. La gentry et la famille royale se mettent à fréquenter les stations balnéaires britanniques puis les invalides viennent se faire soigner à Paris et on leur conseille d'aller faire un tour dans le Sud, c'est le début du fameux climatisme, qui permet d'allier ensoleillement, farniente et bonne bouffe, on dirait mon premier curriculum vitae, au début, je ne vous mens pas, j'ai galéré pour trouver du boulot, pour finir journaliste au Figaro, comme quoi, il faut croire au pouvoir de la procrastination comme disait Léonard de Vinci, c'est une vraie citation du peintre de la Joconde.

Et très vite, se baigner c'est bien beau, oui, mais habillé comment?

Et c'est là toute la science à mon avis de nos cousins éloignés des grands singes qu'on nomme les humains, nous donc. Vous avez des doutes sur notre darwinisme, mettez vous nus devant une glace, laissez pendre vos bras, prenez l'air un peu bête, ou mangez une banane et vous m'en direz des nouvelles.

Après s'être baigné dans le plus simple appareil depuis l'antiquité dans les bains publics, l'ère victorienne vient mettre un peu d'ordre dans notre mode de vie à la Michel-Ange. En effet, les femmes sont couvertes de la tête aux pieds, et on ajoute des poids en bas des robes pour éviter les ennuis —sauf visiblement celui de couler—.

Les hommes portaient des costumes à manches longues qui s'arrêtaient à mi-mollet.

Il faudra attendre le XXème siècle pour voir les jambes et les bras des dames se dénuder. Le bikini nait avec la fin de la

Seconde Guerre mondiale et on ne sait que trop peu que son nom vient d'un site d'essais nucléaires baptisé bikini atoll... charmant. Une idée pour commercialiser l'effet « bombe » de la nageuse, c'est pour le moins d'un goût douteux.

On me glisse dans l'oreillette que les Egyptiennes de l'antiquité portaient déjà des bikinis. Aussi aujourd'hui, plus rien ne m'étonne du look Borat aux seins nus, du Burkina au fameux moule-bite —pourquoi me censurer?— j'attends les nouvelles révolutions de plage. Le trikini existe, le nikini existe, je songe à déposer le tetrakini, parce que pourquoi pas, après tout?

Toujours est-il que même quand je pars marcher plusieurs jours dans la montagne, j'ai toujours un maillot sur moi, l'envie de baignade, c'est comme l'envie de socca, ça ne se commande pas!

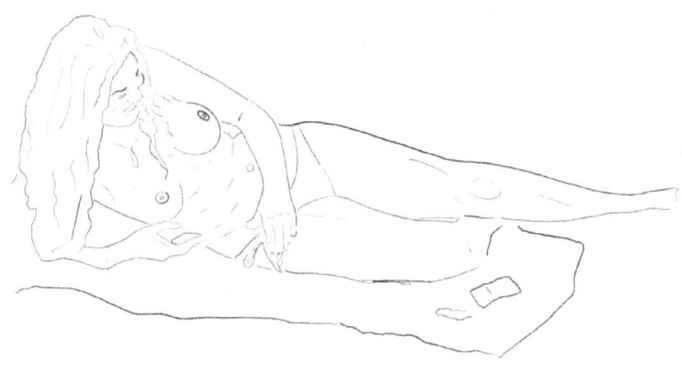

78. Les vieux ont-ils été jeunes?

J'adore les vieux, les vieux cons, les vieux riches mais surtout les vieux dégueulasses, et il y a de fortes chances que je devienne (ou que je sois déjà) un des trois.

« Nice, c'est la ville des vieux. » Vous avez forcément entendu cette phrase au moins une fois. Ça n'est pas mes voisines de 88 et 92 ans qui vont me contredire. Et pourtant, certains jours, elles me semblent plus jeunes que moi.

Je croisais dans le Mercantour, une dame, qui ne me semblait pas si âgée que cela, et quand je lui dis que je marchais depuis vingt kilomètres, elle me répondit, « ah, c'est beau, d'être jeune! »

Je crois sincèrement qu'elle était à peine assez âgée pour être ma mère et que tant que vous pouvez marcher, rouler ou exercer quelque activité qui soit, ne vous en privez pas.

Je repense souvent à ce monsieur qui a un vélo de course monté sur trois roues, il est habillé en cycliste amateur sérieux, porte un casque, des mitaines, bref, il est comme les autres cyclistes, si ce n'est qu'il doit avoir un problème d'équilibre pour une raison médicale, et qu'il a bien raison d'avoir ajouté une roue, il peut continuer à s'exercer. J'adore les vélos et la récente démocratisation du VTTAE ou Vélo tout terrain à assistance électrique permet à une population de tout âge et de toute condition de profiter des joies de l'Arrière-Pays et du bon air de la montagne. Et en redescendant de nos vallées, d'aller piquer une tête, parce que ça fait 300 ans qu'on sait que c'est bon pour la santé.

Pensez à Hippocrate, le médecin grec, a.k.a. le père de la médecine, qui disait déjà, il y a plus de 2500 ans, « que votre nourriture soit votre première médecine ».

Au pays des agrumes et des légumes tous chantés par les poètes de la langue, mangez des poissons pleins de vitamines. Tiens en parlant de vitamine, un matin, je sers un jus d'oranges sanguines à mon fils de quatre et je lui dis, bois le vite, sinon les vitamines vont partir. Il me répond avec son habituel aplomb : « De toutes façons, j'aime pas les vitamines. »

En parlant d'enfants, Nice est la quinzième ville la plus étudiante de France, sur une cinquantaine de villes pleines de nos futures têtes pensantes (en espérant qu'elles pensent un peu mieux que les nôtres et que celles de nos parents.) Les loyers niçois seraient un repoussoir pour la jeunesse à venir s'installer dans la région, j'ai plutôt l'impression que c'est un mal un peu mondial.

Mais comme je le dis de la modernité en peinture, qui est une question qui revient souvent auprès de mes étudiants, à un moment tout le monde est moderne. Ma Grand-mère adorée, Claire —qui nous a quitté il y a six ans déjà— est encore à mes yeux la personne la plus moderne que j'ai rencontré.

Pour parodier un titre de Werner Herzog, je pourrais conclure en disant que même les vieux ont commencé jeunes.

79. M'accordez-vous cette danse?

« Danser en temps de guerre, c'est comme cracher à la gueule des ours. » La première fois que je rencontrais Hafid Aggoune, qui a longtemps vécu à Aix, j'étais marqué par son calme. Cet auteur dont les écrits sont d'une violence inouïe est l'exemple de l'homme qui sait mettre son énergie au service de son prochain. C'est à Lyon, en allant voir une copine danser pour la troupe de Merce Cunningham que je réalisais l'inouïe pouvoir de la danse. C'est devant les métopes* du Louvre où s'ébrouent des danseuses antiques pour une fête de Dionysos que je suis stupéfait par le pouvoir de la danse. C'est dans un cirque, où une autre amie fait une performance solo dans la lumière magique de la piste aux étoiles, avec les particules dans l'air aussi palpables que si la danse pouvait changer le monde, que je confirme que la danse est révolutionnaire.

On l'aura compris, je suis un dingue de danse, et pourtant je danse à peu près comme une brique mais chacun ses talents.

Je ne sais si Nice est rattaché à une longue tradition de danse — je pourrais le savoir— mais j'ai l'impression que les cours de danse sont partout. Dans le Vieux, dans les hauteurs, je croise des studios à tous les coins de rue. Je vois des jeunes danser partout dans la rue, et surtout des garçons, on va me prendre pour un vieux con —j'adore— mais à mon époque on ne valorisait pas la danse pour les mecs, ce qui est idiot. Aujourd'hui, une enceinte Bluetooth, un smartphone et on retrouve des chorégraphies sur la Prom'. La danse, je crois, est un langage d'une grande douceur, même si elle peut exprimer une palette infinie de sentiments, non, je crois sincèrement que la danse est peut-être notre seul salut. Les jours où je pense à l'échec du politique pour sauver l'Occident, aux conflits religieux grandissants, à la mauvaise foi des élus au moins autant que des électeurs, des petites lois mesquines votées au milieu de la nuit, je me dis que notre seul espoir, notre plus grand espoir pour unifier une ville, un comté, un pays, un continent, une planète, c'est la danse.

Les bals populaires, le bal des pompiers, le carnaval, les bpm, les after, la before, les clubs, le dancefloor, tout le monde veut bouger ses fesses plus ou moins vite. J'aime les amis qui suivent des cours de tango, je les admire, plus qu'autre chose, j'aime les chorégraphies au ballet ou à l'opéra, plus que tout, ce sont les solos qui m'émeuvent. Un être humain avec de la musique peut vous inspirer des émotions si variées, sans texte, sans peinture, juste en bougeant son corps, voilà le plus incroyable des miracles. Je pourrais vous dire où aller danser mais je préfère vous dire de ne jamais arrêter de danser, quelque soit votre habilité, et croyez moi, je pars de très loin et pourtant j'ai dansé sur scène dans mon premier one-man-show, comme quoi, il n'y a pas de limite à l'espace, se limiter à ne pas l'occuper par un pas de danse... serait trop bête. Etant donné que je suis plus auteur que danseur, je conclue avec cette phrase de Nietzsche, tirée du Gai savoir —dont le nom se prononce, comme Nice dans l'ancien temps, Nitché— et qui résume ma pensée : «Je ne vois pas ce que l'esprit d'un philosophe pourrait désirer de meilleur que d'être un bon danseur». Et puis danser plutôt que chanter dans le vieux, vous évitera les traditionnels sceaux d'eau des locaux.

*Voir *Trouver son bonheur au Louvre*.

80. Peut-on (vraiment) trouver son bonheur à Nice?

Que vous soyez tarquier, abatjourier, bugadière ou conducteur de char comme Ben-Hur Marcel, que vous soyez local, touriste, heureux ou triste, que vous soyez gentil ou méchant comme disent mes enfants, que vous soyez bronzés ou blanc-becs, que vous soyez de bonne ou de mauvaise humeur, je vous garantis que vous pouvez trouver votre bonheur à Nice.

Le Lecteur : Vraiment, le bonheur dans les attentats, le bonheur devant les caméras de surveillance, le bonheur des violences policières, le bonheur en temps de pandémie?

L'auteur : Oui, oui, oui, et oui, mille fois oui. Oui, le vingt et unième siècle est marqué par une guerre larvée de civilisations, mais elle trouvera son issue car toutes les guerres se terminent, c'est historiquement prouvé. Oui, parce que les villes évoluent, aujourd'hui, la ville est dominée par une volonté de sécurité, cette tension finira par retomber, les populations gagnent toujours leur liberté avec le temps. Quand à la pandémie si elle est mondiale, l'humanité a toujours su se relever de ses pires moments.

Le Lecteur : oui, mais ça fait beaucoup quand même.

L'auteur : Et le trop plein de soleil, de mer, de ciel, d'amour de nos enfants et de nos proches. Et le trop plein de petits plaisirs, de promenades, d'histoires, d'accès à la culture, d'éducation, de sports. Et le trop plein de petits plaisirs qui coutent trois fois rien, une socca, un petit bouquet de fleurs ou de crevettes, et la sieste, et la lecture sans frais de tous les livres de l'humanité sur une chaise bleue face à la Méditerranée. Et le plaisir de s'envoler, de voguer, de nager, le plaisir de rire, de vivre, de parler, de danser, de s'embrasser...

Le lecteur : On n'a pas le droit de s'embrasser.

L'auteur : Je me souviens de paroles de personnes âgées en Ehpad ou juste dans ma résidence, et toutes préfèrent le dialogue et voir leur famille plutôt que de rester seules. La solitude, que je recherche constamment, doit être un choix et pas une contrainte. Je repense à ma filleule de dix-sept ans qui en temps de pandémie, postait des vidéos virales de *Free Hug*, ces câlins de rues qu'offrent cette merveilleuse génération qui s'annonce. Même le conflit religieux me met en joie, défendre sa religion ou n'importe quelle conviction oblige à se renseigner et souvent que je discute avec mes étudiants ou avec des jeunes gens à la sortie de mes spectacles, je suis sidéré par leur envie d'affirmer leurs désirs et leurs projets, et pour paraphraser ma merveilleuse grand-mère une dernière fois, j'admire leur capacité à vivre leur légende personnelle.

Nice, offre tant en tant que ville universitaire, sportive, ville frontière, ville inter-générationnelle et multiculturelle, villes aux races —je n'ai pas peur du mot— et aux religions mixtes, Nice, la ville des futures technologies, ville entre Suisse et Italie, entre mer et montagne.

J'arrête, je ne suis pas poète mais j'espère sincèrement que vous aurez trouvé votre bonheur dans ces quatre-vingts questions, posez ce livre maintenant et allez voir la ville :

La Bella Nissa.

Terminé de rédiger un lundi 17 mai,
Ciel bleu et frais, un peu de vent,
À Nice.

Autre livre de l'auteur :
- Trouver son bonheur au Louvre.
- Laugh your Way through the Louvre.
- La Reine du Turkina Faso
- L'incarnation de la faiblesse

Remerciements

Ce livre n'aurait pas existé sans ma femme Caroline de Surany et sans mes enfants Adam et Milan.

Mes parents, Michel et Michèle, je sais, c'est drôle, mais c'est pas moi qui choisit les prénoms !

Mon ami Pierre sans qui ce livre n'existerait pas. Sa fille et ma filleule Capucine, inspiration depuis sa naissance ainsi que sa petite sœur Victoire, au prénom si niçois.

Mes amis Nathalie et Denis, les premiers Niçois à m'avoir accueillis dans leur merveilleuse maison de Fabron.

Julien et Vincent, Natasha et Julien et leur petite Flora, une future danseuse.

Mes nouveaux frères et sœurs, Tata Aude et Tonton Thibault selon les appellations AOC des enfants.

Vanessa et Franck, les bienveillants parrains de mes garçons.

Mes marraines, Christine devant Dieu et Hélène devant les autres.

Ma formidable cousine Sandra qui est comme une sœur ainsi que son fils Elliott.

Mon beau-père Michka, amoureux de lecture, d'écriture et de discussion.

Peter, ancien prof de tennis, résident heureux de Falicon, amateur d'art et de bonheur de vivre.

À la mémoire de Jacques Boulan, éditeur d'art.

TABLE DES MATIÈRES

1. Pourquoi encore un livre sur Nice? 7
2. Allumer le feu, oui mais où? 8
3. Klein a-t-il eu une période bleue? 10
4. Pourquoi on déplace bien Garibaldi? 12
5. Dis moi où tu vas à la plage? 15
6. 30 millions d'amis = 15 millions d'ennemis? 16
7. Auriez-vous voulu être un artiste niçois? 18
8. Le Negresco appartient-il à des caniches? 21
9. Pourquoi diable y a-t-il un aigle sur le drapeau de Nice? 23
10. Pourquoi le plus célèbre artiste de Nice est Ch'ti? 25
11. Comment s'envole un château? 27
12. Le roi des îles II Nice est il le deuxième roi des îles ou le roi des îles de Nice? 28
13. Bienvenue à la Baie des Anges, oui mais quels anges? 31
14. Pourquoi y'a des inscriptions latines partout et des latrines nulle part? 34
15. Pourquoi Napoléon a habité rue Bonaparte? 36
16. Le tramway, pourquoi c'était mieux avant? 37
17. Pourquoi c'est tout pété Nice? 39
18. Pourquoi y'a une boulangerie tous les cinq mètres et (presque) pas de poissonnerie? 42
19. Pourquoi ne devient-on pas Monégasque? 44
20. Le sentier du littoral est-il révolutionnaire? 46
21. Quand t'as rien à dire, fait du name dropping? 49

22. Pourquoi on enterre bien les douches? 51

23. Chantez-vous niçois? 52

24. Qui fait la meilleure socca? 54

25. Nicée martyrisée, mais Nice libérée? 57

26. Qu'est-ce qu'on boit ici? 59

27. Peut-on voler une banque sans arme, ni haine, ni violence? 61

28. Les architectes les plus dingues du monde sont-ils Niçois? 63

29. Il paraît qu'il y a une villa qui porte mon nom? 66

30. Pourquoi tout le monde se promène à Nice? 68

31. T'as pas été au bagne? 70

32. C'était quoi le Comté de Nice? 71

33. Doit-on tout aimer à Nice? 75

34. Pourquoi deux architectes géniaux se sont associés pour nous montrer la Lune? 77

35. Nice as-t-elle l'esprit Coubertin? 78

36. Et si la révolution, ça vous barbe? 80

37. Peut-on écrire un poème avec les noms des immeubles niçois? 83

38. Doit-on mettre le feu à la rampe? 84

39. C'est quoi un véritable Niçois? 86

40. Quel rapport entre Niki de Saint Phalle et le carnaval? ..88

41. Mais qui a la plus grosse? 90

42. Qui fait la meilleure glace? 92

43. Nice, c'est en Provence ou sur la Côte d'Azur? 94

44. Pourquoi n'y avait-il pas de port à Nice?	97
45. Messire, un Sarrasin! Un sarrasin, maraud?	99
46. Pourquoi faut il nommer son bateau?	101
47. Pourquoi devrait-on vivre dans un opéra?	103
48. La meilleure saison, c'est l'été ou l'hiver?	105
49. Et si je tombe amoureux de la petite reine?	107
50. Mais c'est de la *mierda*?	109
51. Qui a mis un Michel-Ange à Nice?	113
52. Y'a des musées à Nice?	114
53. Faut-il parler nissart?	117
54 Doit-on revoir Renoir?	118
55. Doit-on boire un verre sur le Cours Saleya?	121
56. Sous les galets, la plage?	123
57. Aéroport ou arrêt au port?	125
58. Blette salée ou blette sucrée?	127
59. Nice est-elle en Mésopotamie?	128
60. Y a-t-il des cadavres les pieds dans le béton au fond du port?	131
61. Devrait-on tous se tonsurer?	133
62. Peut-on voir la Corse de Nice?	135
63. Et si j'en ai marre de Nice?	137
64. Nice est-elle une belle italienne?	140
65. Pourquoi les volets sont verts, les chaises sont bleues, les façades ocres et les toits terracotta?	142
66. C'est quoi une cagole?	144
67. Doit-on compresser toutes les bagnoles?	146

68. Les écrivains sont-ils des touristes comme les autres? 149

69. Le feu sacré de l'architecture est-il niçois? 151

70. Nice est une femme fatale. Oui, mais la quelle?................153

71. Nice de Nikaïa ou de Nissé? Un problème nietzschéen! 154

72. Mimosa, lavande ou coquelicots?.......................................156

73. Suis-je copain avec Brice de Nice? 159

74. Comment perdre de l'argent à Nice?..................................161

75. Et dans la ville, il y a des cactus? 163

76. Comment skier et se baigner le même jour? 165

77. Êtes-vous plutôt Burkini ou topless?..................................166

78. Les vieux ont-ils été jeunes?...169

79. M'accordez-vous cette danse?...170

80. Peut-on (vraiment) trouver son bonheur à Nice?..............172

www.ingramcontent.com/pod-product-compliance
Lightning Source LLC
Chambersburg PA
CBHW070635220526
45466CB00001B/182